케밥은 터키어를 하지 않는다

도서출판 처음 | 오늘의 서정시 003

케밥은 터키어를 하지 않는다

초판 1쇄 발행 / 2025년 02월 24일

지은이 / 김태림
펴낸이 / 김명희
편 집 / 장영광
펴낸곳 / 도서출판 처음
출판등록 / 2022년 2월 11일 제 2022-000007호
주소 / 22173 인천광역시 미추홀구 석정로8
이메일 / noveljakga@naver.com
전화 / 0505-333-9018
팩스 / 0505-377-3121

ISBN / 979-11-979912-7-1 03810

· 이 책의 판권은 지은이와 도서출판 처음에 있으며 저작권법에 따라 보호받는 저작물이므로 양측의 서면동의 없는 무단전재 및 복제를 금지합니다.

· 잘못된 책은 구입하신 서점에서 교환해 드립니다.

계밥은 티키어를 하지 않는다

김태람 시집

시인의 말

왁자지껄한 장소에서는 더 추웠다

아무래도 내가 아닌 내가
길을 가다 문득 나인 척 나에게 어깨를 기대 봐도
여전히 헐렁해지는 단추들, 질문들

내가 다른 사람일까
다른 사람이 나인 걸까

편지로 부치지 못한 얼굴들이 너무 많아서
맞지 않는 오늘을 신고 비틀비틀 내일을 걷는다
(누군가에게 손을 흔들고)
낯선 골목을 오래 걸어도 돌아보면 늘 제자리다
지금도 관성을 못 버린 채 어딘가를 끝없이 돌아 나오는 나,
그때마다 수없이 돌부리에 채이고
금이 간 손톱과 나의 잠은 오래 덧났다

쓰지 않고는 견딜 수 없도록 태어난,
나를 믿기로 했다
끝나지 않는 슬픔들, 나의 모든 비문에게 감사한다

많이 돌아왔지만 그래도 아주 많이 늦지 않게
내 정체를 찾아가니 참 다행이다 적는다

멀리서 나를 보고 있을 남편과 가슴 시린 김종옥
동생에게
나의 첫 시집을 바친다

2025년
세상이 처음처럼 창문을 여는 봄날에

| 차례 |

작가의 말 · 003

Ⅰ부

세잔과 사과나무 · 010
시간의 저쪽 · 012
달의 아이 · 014
나의, 타원형 타인들 · 016
불면은 수직이다 · 018

020 · 울음들의 본적지
022 · 지금도 꿈속에서, 노르웨이 숲에 펑펑 눈 내리고
024 · 선창
028 · 검은 아코디언
030 · 검정 가방
032 · 똠얌꿍에 빠진
034 · 어디로 데려갈까요
036 · 그래도, 퐁당쇼콜라

Ⅱ부

붉은 칠월 · 040
뱀뱀뱀 발음하면 누군가는 · 042
맴맴맴 돌고
달의 계단 · 044
거기 누구세요 · 046
멀지 않다 · 048
부릇 · 050

054 · 거미 연습
056 · 그의 머리칼을 어루만진 건
058 · 곡선을 먹는 새
060 · 언 바람태
062 · 사라진 생일
064 · 마차리의 팔월
066 · 케밥은 터키어를 하지 않는다
068 · 달팽이들의 최후
070 · 섬진강에서 전사한 나의 차력사
074 · 몽키포드

Ⅲ부

검은 것 사이 · 078
우어 · 080
벽과 벽이 사선으로 걸어 나와 · 082
서로의 손을 잡았을 때
新 공룡시대 · 084

086 · 선인장과 코끼리와 손잡이
088 · 메니에르 증후군
092 · 우로보로스
096 · 부서진 비밀
098 · 매듭
100 · 경계를 씻다
102 · 떠다니다
104 · 공중 우물

Ⅳ부

수중 납골당 · 108
물컹한 밑줄 · 110
미끄럽고 딱딱한 물음 · 112
송곳니 주의보 · 114
그런데 저 길고 미끄러운 · 116
것을, 뭐라고 적을까

120 · 핏소니아 로퀴애에
122 · 녹슨 시간
124 · 녹단
126 · 나무의 언어로
128 · 그 골목 몽타주
130 · 나그네
131 · 뱀
132 · 둥근, 바깥에선 국화나 모란이 피고
134 · 퍼플하트의 진술

해설 Ⅰ 김명희 (시인 / 소설가)　　· 136

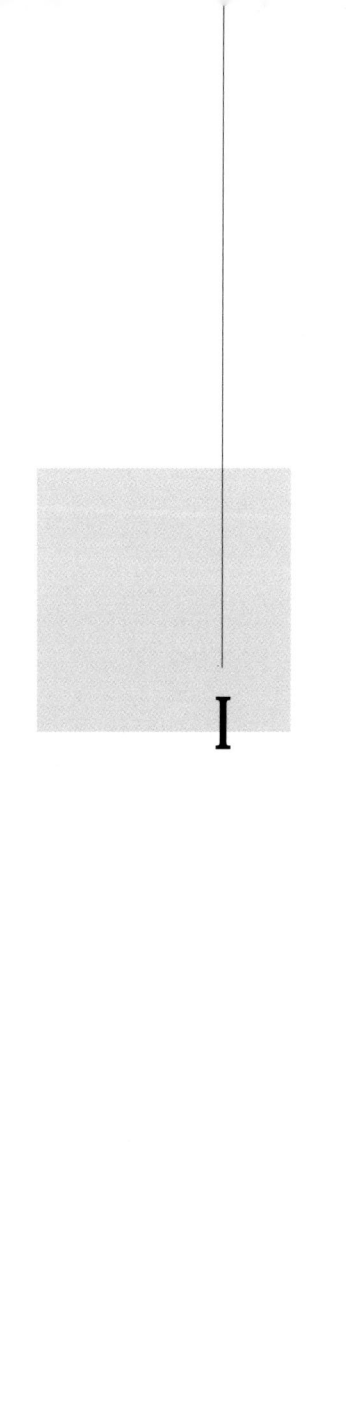

010 · 세잔과 사과나무
012 · 시간의 저쪽
014 · 달의 아이
016 · 나의, 타원형 타인들
018 · 불면은 수직이다
020 · 울음들의 본적지
022 · 지금도 꿈속에서, 노르웨이 숲에 펑펑 눈 내리고
024 · 선창
028 · 검은 아코디언
030 · 검정 가방
032 · 똠얌꿍에 빠진
034 · 어디로 데려갈까요
036 · 그래도, 퐁당쇼콜라

세잔과 사과나무

유리창이 깨진 화실에 그가 한 가지 자세로 앉아있다

아침마다 둥근 것을 만져보고 상태를 살핀다
오늘은 사과가 그를 관찰하듯 고개를 갸웃거리고
세잔은 탄저병에 걸린 사과를 뚫어지게 본다
곳곳에 뿌리 내린 검은 녹, 그가 중얼거리자
맑았던 한낮이 안쪽부터 썩어들기 시작했다

기억해주는 이가 없으면 사과는 깨어나지 못한다

세잔은 여러 번 소나기가 된 적 있다
길가 웅덩이에 아무도 몰래 자신을 버렸다
절룩거리며 따라오던 늙은 벙어리 낙타
소낙비보다 빨리 뛰어다니는 까마귀의 비명

인사동
낮게 엎드린 불빛 아래에서 홍합 국물이 졸아들고 있었다

울기 좋은 담벼락 밑에 쭈그려 앉아
병든 시간을 손에 들고 타로점을 읽었다
어느 행성에서 온 젖은 빛이었다 천칭자리 애인은

우리는 세잔과 함께 겨울 내내 여름옷을 입었다
깔깔거리는 파이를 바닥에 흘리며 안개를 보러 갔다
밤이 되어도 장작불에 옷은 마르지 않았다
사과나무 위에서 놀던 죽음이 새벽까지 마을을 배회했다
회색이 된 질문이
비둘기대신 날아와 담벼락에 머리를 박고 떨어졌다
작년에 박힌 새들은 발톱만 남아 녹슨 대못이 되어갔다

창문을 넘어간 세잔은, 그날 밤 돌아오지 않았고
사과 속 그의 전생만이 정물처럼 앉아있다
세잔은 사과로 환생한 사실을
자신에게 절대 말하지 않았다

시간의 저쪽

 남은 온기에 몸을 뒤척이는 동안
 낯선 움직임들이 다녀간다 그는 집요하게 창밖을 주시한다
 물수건으로 생의 바닥을 닦고 나니 잠시 쇄골의 채도가 순해진다
 이승에 남은 시간을 정산하는지 점점 헐렁해지는 환자복
 체위를 바꿔주고 머리맡 햇살을 커튼으로 지운다
 네모진 빈칸 심박동이 개미처럼 꼬불꼬불 지나간다

 물 한 모금에도 기도가 막히는
 야윈 등에서 허리 굽은 말들이 옷을 들썩이고, 접어야 할 것들이
 복도 끝에서부터 나를 향해 도미노처럼 무너지는 환영이 보인다
 오늘도 보조침대 위 비상벨이 어둡게
 숨이 거칠어진 환자복을 내려본다
 침묵의 행간마다 맨살에 달라붙은 통증의 무게
 평생 맺어온 삶의 매듭들을 쿨럭쿨럭 쏟아낸다
 얼마나 먼 길을 남편 홀로 가려는 것일까
 함몰된 그의 눈자위는 조등처럼 적막하다

〉
길 건너 링거 폴대처럼 서있는 차디찬 회벽
음소거에 갇힌 건널목이 흑백영화처럼 나를 향해 걸어온다
네모진 보도블록 위로 검은 구름이 주름처럼 쌓인다
오늘 밤이 지나고 내일 방문할 태양은
갈비뼈 아랫단에 어떤 말들을 넣어주고 갈까
밀랍같이 타들어 가는 두려운 말은 아직 병실에 도착하지 않았다

오전에 이승에서 삭제된 옆 병상
그의 사망진단서처럼 하얗게 날이 새고 있다

달의 아이

통증은 매일 얼굴을 바꾸고 침범해 왔다

하얀 가운들이 사무적인 표정을 들고 병실로 들어왔다
아이의 안색을 살피던 회진은 진통제 하나 처방하고 이내 복도로
우르르 몰려나갔다

나는 간병의 몫을 부여받은 사람,
얇은 라텍스장갑을 끼고
통증으로 구겨진 너의 작은 얼굴과 창백한 손을 닦는다
너에 대한 근심을 벗어 휴지통에 버린다
또 손가락 두 장을 뽑아, 욕창의 피고름을 지운다
내 손이 너를 지나가면 어린 넌
거품처럼 작은 움직임이 되었다
(애야 힘껏 피어나야지, 한 번 더 대지를 믿으렴)
나는 속으로 너만 한 아이가 내게도 있단다 라고 속삭인다

병상 왼쪽에는
커튼이 삼킨 한 줌 햇살이
소독약 냄새에 절어 있고, 나는
어디선가 어떤 물건을 흘리고 온 사람처럼

닫힌 창문에 동공이 오래 머문다
쉼터에 사진을 찍는 사람들과 너는 너무 멀리 있었고
이따금 이쪽으로 넘어온 그들의 웃음을 지우려는지
바람이 창틀에 떨어진 뭔가를 밀어냈다

봉분 같은 구름 뭉텅뭉텅 침상 위로 짙어지고
알약이 물들인 몽롱함을 견디는 네 눈 속에서, 나는 보았다
너에게는 울음이 없었고 너에게는 살과 뼈가 없었으며,
학교도 운동장도 그네도
매일 둥글고 밝고 착한 공간들이 하나씩 하나씩 그믐밤
처럼 지워지고 있었다

불을 끄고 보조침대에 누우면
누군가의 가느다란 숨소리가 자주 암전이 되었고
그때마다 내 잠은 아주 멀리 달아나곤 했다

나의, 타원형 타인들

 물기 빠진
 사진 몇 장 각기 다른 자세로, 순간 내 얼굴에서 비늘이 떨어진다
 그때는 알지 못했던
 동사들
 온갖 얼룩들, 눈을 감지 못한 질문이다 등이
 가려운 낯빛을 하고 끄덕인다

 아픈 일을 무지개처럼 말할 때
 서랍 속에서 걸어 나온 젖은 우산이 자막처럼 지나간다
 축 늘어진 주머니에 무엇이 들었냐고
 비 오는 밤이 내게 묻는다

 (그냥 그렇지 뭐) 대답한다
 손목만 남아 흐르는 냉기들
 슬픔이 모이면 슬퍼지지 않는다는 말
 주소를 옮겼다
 무릎걸음으로 자꾸 뭐라고 떠드는 낡은 바람벽,

〉
핏기 없는 표정을
문지르면
손끝에 검은 물이 들었다 (그러지 말라고 태양이 내일 말했다)

방금 태어난 햇살이 축대 위에
길게 서 있다 나를 열고 나온 울음은, 어디로 걸어간 것
일까

거울을 보면
졸음처럼 느린 타원형 얼룩들, 화석이 되어
오래 앉아 있다

불면은 수직이다

벽만 보고 살았던 적이 있다

이 도시에서 유물이 되어가는 침묵의 밤
불면이 박제된 시간을 견디는 일은 모두 수직이다

태양이 내게서 등 돌린 시간마다,
회색 빌딩은 길 잃은 누군가의 이정표가 되었다
골똘함의 끝. 머리맡에서 끝없이 흩어지는 초침소리

경사진 시멘트 바람은 도로의 횡격막처럼 들썩인다

제 그림자를 잘라먹으며 늘 앞질러 가는 골목
지나는 햇살도 이곳에 오면 잠시 젖은 그늘을 앉힌다

한때 떠돌던 거리에서 바닥보다 더 절박했던 맨발
시비는 어제가 걸고 무참히 구겨진 날들이 나를 본다
그들은 벽을 해명하다가도 목울대를 세웠다

〉
면벽의 늙은 사서처럼 바람의 언어로 통역되는 수직,
그래서 우리의 밤은 서로 만날 수 없다
휘갈겨진 암호 같은 허물들이 붉은 페인트로 말라갈 때
깊은 밤에도 정물처럼 서있는 너의 창백한 벽은,
그래서 너도 내겐 평생 수직이었다

저녁이 되고 힘없는 퇴근길

새벽을 갱신하고 벽은 다시 무릎을 세운다

울음들의 본적지

몸을 휘저으며 득달같이 달려와
안방 문을 여닫는 서쪽 노을이 심상치 않다

지척에서 들리는 악다구니
방안에선 등 돌린 울음이 문 틈새로 기어 나왔다

방바닥에 엎드려 책장 넘기던 나는
양은 주전자 물을 벌컥벌컥 마시고는 젖은 박스처럼 무너졌다
그렇게 내 불온은 돛을 올리고 있었다

큰 가방을 들고 순간 휘발되는 그녀
축축한 등 뒤로
풍문으로 들리는 몇 개 추측들

노끈보다 질긴 침묵이 나를 끌고 다녔다
옆에는 누구도 없었다
부모라는 주어는 굶주린 어미새가 낚아챈 뒤였다

﹥
그 후
 지상의 내 모든 울음은 모조리 서쪽으로 흘러가 밀물이 되었고

 그림자보다 더 짙은 어둠이 나를 입양했다
 맨몸으로 맞선, 어둠

 환기구는 어디에도 없었다

지금도 꿈속에서, 노르웨이 숲에 펑펑 눈 내리고
― 맹인악사

고요하게 기울어진 어깨
그의 전 재산은 오래된 어둠이다
깊게 팬 서늘한 내력을 들려주며
이제는 슬픔에도 부력이 생겨 제법 단단해졌다며 웃는 그는
낡은 끈처럼 가늘고 긴 손가락이 전부다
저 최후의 어둠은, 다음 생에서
따뜻하게 돌아갈 어느 골목을 상상하는 걸까

도심의 소음을 소리로 쓰다듬는 저 표정
그가, 연필 대신 기타로
나의 청각 속에 들어와 긴 문장을 들려주고 있다

산다는 게 너도 나도 칠흑 같을 때면,
플라타너스 아래에서
울음이 되고 물음이 되는 그의 손가락들
소리의 늪에서 건져 올린 말들은,
서쪽에 걸린 사과처럼 둥글고 붉었다

〉
어느 날 자신의 별을 처분하고 지구로 불시착한
그의 보이지 않는 눈 속에
암흑이라서 더욱 또렷해지는 숲, 이따금
움푹한 눈가가 전나무처럼 파르르 떨렸다

탁 트인 광장에서도 노인의 가슴엔 사철 눈이 내렸다

평생
세상을 볼 수 없어

새들은 겨울에도 하얗게 날았다

선창

물에 빠진 저녁이 네온사인 위에서 까맣게 볶아진다

항구는 필통이다

생의 좌표를 잃은 멀미들이
오래 앓은 위장병을 주머니에 넣고 빼곡히 몰려드는,
선창은 뒷모습만 갖고 오가는 또 하나의 객지이다

너는 흑백 저쪽으로 작아진 골목을 돌아 걸었다

긴 장대에 늘어진 미역 줄기에서는
지난겨울, 뭍으로 떠난 여자의 전설이 하얗게 마르고
금 간 담벼락을 떠받치고 있는 저 낡은 자전거,
바다는
녹슨 해안길이 돌돌 말려있는 바퀴 곁에서 밤새 휘파람을 대신 불어주었다

나무젓가락 사이로 농담이 오가던 알전구 아래
풍랑에 아무리 오래 젖어도 내일의 물속은 좀처럼 보이지 않는 날들
아무리 목청껏 손마디마디 터진 물집들을 그물로 끌어올려도

자고 깨면 또 차가운 생의 조난자가 되고 마는 어부들은
낮게 기울어진 선술집에서
또 하나의 파도가 되어 밤늦도록 흔들렸다

해풍에 출렁이던 사내들의 그림자 속으로도
짠바람에 검게 그을린 뱃사내들의 저녁은 돌아왔다

바닥이 드러나면 밀물처럼 수시로 차오르는 소주잔과
소주잔들
그 사이로 덜 씹힌 황태포 하나는 도시로 나가 트럭 사업
이라도 하겠다며
혁명 같은 깃발 하나 툭 뱉았다

과거의 그녀처럼, 이젠 이곳을 놓아줄 때라는 걸 알고 있
다는 듯,
가슴께까지 장화를 올려 신은 주름진 눈빛들이
선술집 저쪽에서 일렬로 정박한 배 위를 내달리며 노는
어린 불빛을
오래 쓰다듬었다

〉
갓 끓여낸 순댓국처럼 진한 해무가 번지는데
새벽에 조업이라도 나가려는 것일까
바닷가 풀숲에서는 고장 난 탐조등 하나가

해당화 품속에다 일찍 이부자리를 깔았다

검은 아코디언

 물들이 멀리 떠난 자리에 태양의 침전물이 누워있다
 이방인들이 버리고 간 적막이 무거워, 모아이 석상이 된 갯바위들
 썰물이 자신의 목을 긋고 간 자리
 바다에서 떠오르지 못한 어제는 모두 가라앉아 주름이 되었는지
 저기 콜타르처럼 응집된 후회들, 검다
 이른 새벽 누군가
 징검돌처럼 또박또박 내려놓고 떠나간 발자국

 울음 덩어리들 가득 저장된 개펄은 또 하나의 아코디언
 텅 빈 벌판을 손끝으로 만지면 짚이는, 소금에 절여진 유서들
 한때 나를 스쳐간 그 어깨도, 시간을 태운 재가 된다

 너의 음계는 아무리 뚜껑을 닫아도 오르골처럼 다시 풀려나고
 해일처럼 끝없이 밀려오는 비린 혀, 밤의 아코디언을 닫고 일어서는 갈매기

〉
 손가락을 대지 않아도 건반 위를 달리는 바람, 음표들 일제히 깨어난다
 이 곳의 노래는 한번도 같은 멜로디가 없고
 이곳에 다다르면 번지는 그리움도 저 검은 건반이 종점이다

 낮은 이마를 찾아다니는 따개비와
 두근두근 제 살을 빚는 고요한 뻘의, 숲
 태양이 바닥난 갯벌은 축문처럼 날아가는 도요새의 외마디였다

 바람은 숨통 가득, 제 죽음을 부풀려
 방파제 너머에서 달려오는 중저음의 기적소리를 연주하고
 해질녘 바닷가를 걸으면
 밤하늘에 걸린 오리온좌를 열고 나와,
 아주 잠시 나를 바라보다 돌아서는 단추 같은 얼굴 하나

 오선 그어진 갯골 위를, 물잠자리 한 쌍 8분음표로
 건너간다

검정 가방

때 묻은 손잡이에 고요처럼 흔들리는 실밥들
고단했던 흔적이 주인 떠난 빈 방을 지킨다

늙은 사내가
종교처럼 여겼던 빛바랜 시간속에 박제된 사진 몇 장

고향 가까이 가고 싶다던
임진강 넘어 북한 땅
멈춰버린 유년의 시간을 매만지던
강둑 위의 등 굽은 그림자 하나

북녘 하늘은
동상처럼 미동도 없는데
동공 풀린 표정으로
아버지가 보고 싶다며
하염없이 중얼거리던 모습이
소환되어 뇌리 속을 유영한다

〉
봉합된 어둠에 기억들 썰물처럼 빠져나가고
외곽을 돌아 떠난 사내의 유언처럼
주인 잃은 그의 닳은 구두 뒤축이
허공 저쪽에서
진눈깨비로 떠다닌다

당부할 말이 너무 많으면 침묵이 되는가
미망의 가슴에서 맴돌던 언어들
눈발 속에 지워지고
어둠에 묻힌 강기슭 어디
그리움을 덮고 누운 그림자
그 사내,

똠얌꿍에 빠진

저 이는 언제 봐도 팔팔해 아픈 애 같지가 않아,
지그시 밀착시키며 판을 까는 저렴한 무릎들

고글 같은 안경을 고쳐 쓸 때
고수향이 테이블 위로 흘러들었다
서서히 달궈지는 국물 속에서
은유법이 되어가는 색색의 야채들,
뜨거운 고추기름을 헤치며 마지막 물길을 내고 있다
마디 굵은 손가락이 국물을 뒤적이고
연신 오가는 공격과 수비에 바빠지는 양 옆의 귀들,
이럴 때 내 식욕은
아무리 막소금을 쳐도 간이 맞지 않는다
도무지 축하할 일 없는 우리는
건망증 가득한 세월을 푸념하듯 냄비 속을 휘젓다가
사소하지 않은 건더기들을 각자 사소하게 떠먹는다
국물 가득 진하게 우러난 단어들을 뒤적이다
새우 허리 분지르듯 아프게 지르는 농담에
누군가 얼큰하게 한마디 뱉는다

(좋은 말 다 놔두고, 어쩜 저렇게 눈치가 없을까……)

〉
서로의 목덜미가 난감해지는 동안
전골냄비 속
야채와 새우는 픽션보다 더 시큼하게 졸아들었다

어느새 창밖까지 따라와 활활 타는 석양이
포만해진 몸으로 느리게 일어나는 관절염 1. 2. 3에게
한번 더 매콤하게,
통증을 지피기 시작한다

어디로 데려갈까요

버스를 타고 대숲을 지난다
혼자가 아니었던가 낯선 기억의 냄새

울음이 가득한 어린 무릎은 오늘도 여섯 살
종일 쥐고 다닌 발톱을 뜯으며 어미를 기다리는
새까만 이마가 바닥에 닿는다
동행의 뒷모습을 놓친 기억
그렇지만 무섭지 않다고 말하는 너를 나는 무슨 말이든
(그랬구나)로 간신히 달래 본다
눈물 속에 박힌 하늘나라가 있고
기어이 반짝이는 시간이 올 거라고
너는 별사탕처럼 말을 하는구나

밤 같은 그늘이 문지방을 밟고 가라앉는다
내 안에서 번지는 너의 체온
그림자를 공유하는 사람들이 지나가고
길가에서 누군가를 기다리는 저
나무 의자는 영혼이 있을까
지워지지 않는 목소리가 길 건너 정류장에 서 있다

〉
아이는 타박타박 저문 마을을 서성인다
어디에 있든 늘 그 자리로 되돌아오는 아이
한 번씩 게워내는 질긴 소리에 (너는 혼자가 아니란다)

마침표 없이 견디는 아이는 이미 다
울어버렸는지 창백하다
옹이처럼 작게 웅크린 아이 하나,

내 안에서
젖은 눈으로

나를 바라본다

그래도, 퐁당쇼콜라

밀어 넣고 있다 벌써 몇 시간 째 자신을 동굴 속에
그늘처럼 앉아 숱한 고리들을 동여매고 있다
정말 아무것도 아니게 되면 너라는 단편소설을 읽었지
너는 언제나 그렇게 말해 후회도 중독이지
시선을 반성하는 동안 손가락 사이로 빠져나가는 어떤 것
들을 생각하지

한때는 둥근 무리의 사람들과 물고기처럼 바둥대다
오차 없이 늙었지
네가 보낸 목도리는 효력이 없었고 아침에 다시
집어 들면 다리가 없었다
반음 모자라는 사직서 봉투를 팔지 않는 편의점, 낯선 손
바닥 두 개를 들고 나오는 나
교차로 인파 속 뚝뚝 떨어지는 검은 수리들
어제가 오늘에 와 있고
중얼중얼 대신 나는 너를 시작했지
속을 뒤집으면 다른 속이 생기는 중독
너는 있잖아, 하고 또 시작하는 그런 거

>
 지금은 반드시 편집될 것이고 모든 것이 멈추면 우리들의 여주로 가자
 거기, 퐁당쇼콜라 베이커리로 가자
 너와 나 사이 괄호 속, 아는 곳이 거기 밖에 없으니까 라고 쓰고
 여름을 착각한 내가 늘 추웠던 너라는 겨울을 이제야 읽는다
 한 뼘 더 늦은 저녁 결심이 바코드처럼
 주먹을 쥐고 일어섰어

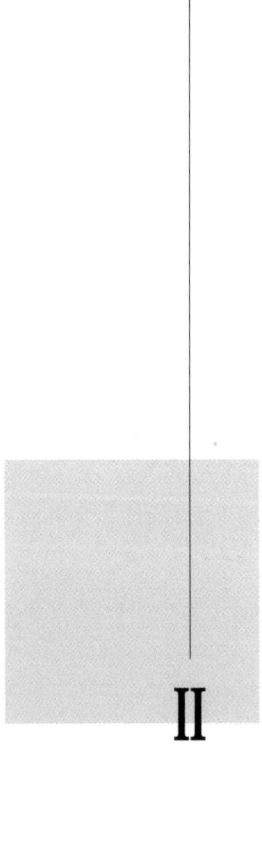

040 · 붉은 칠월
042 · 뱀뱀뱀 발음하면 누군가는 맴맴맴 돌고
044 · 달의 계단
046 · 거기 누구세요
048 · 멀지 않다
050 · 부릇
054 · 거미 연습
056 · 그의 머리칼을 어루만진 건
058 · 곡선을 먹는 새
060 · 언 바람태
062 · 사라진 생일
064 · 마차리의 팔월
066 · 케밥은 터키어를 하지 않는다
068 · 달팽이들의 최후
070 · 섬진강에서 전사한 나의 차력사
074 · 몽키포드

붉은 칠월
- C상병

한 사람의 목소리가 유실 됐다
매서운 물살은 짐승처럼 그를 낚아챘다
실종된 구명조끼는 낯선 행성에서 헤맸고
젖은 무게를 가득 삼킨 장화는 잠수함이 되지 못했다
메아리는 세상에서 가장 긴 시간을 정지시켰다
그는, 생사의 어느 깊이에 침몰했을까
귀신 잡는 해병, 그 붉은 등이 꺼지자
훈장 몇은 부글거리는 변명만 되뇌었고
가해자 없는 인사사고만 남기고
남은 계절이 물 밑으로 다시 가라앉고 있었다

시청 앞 광장은 분노가 만장처럼 펄럭였다

의혹을 파헤치는 뉴스특보 속 심문에
눈알 굴리며 둘러대는 답변에서 악취가 범람했다
불면에 시달리던, TV 앞 충혈 된 시선들
몇 장의 달력이 흙탕물에 휩쓸리고 해가 바뀌어도
꼬리를 물고 들춰지던 미심쩍은 이름들,

멀어져 가는 유속에 떠오르는 음성 하나
　(내 나라를 지키고 싶었습니다)

〉
꼭 지키고 싶었던 나라는 청년의 가슴에 있었지만
청년 하나 지켜줄 나라는 세상 어디에도 없었다

아침이 되자

머리 풀어헤친 내성천 왕버들이
실성한 얼굴로 온종일 탁한 물속만 들여다보았다

뱀뱀뱀 발음하면 누군가는 맴맴맴 돌고

검정 모자를 눌러쓴 그는 커다란 가방 속에서 몇 가지
꿈틀대는 도구를 꺼낸다 눈 감은 변명 앞에서 잠시 주춤한다
유니폼 표정이 그것을 스캔하며 묻는다

-그동안 필터 교환을 언제 하셨길래, 아이구야, 해를 넘겼네요

그들만의 인기 좋은 영업비밀을 밑밥으로 쓰윽 내민다

-이거 보이십니까? 스틱이 시커멓게 썩었어요

그는 팔을 걷어 올리고 빈틈없이 오후를 해체한다
친절은 가장 잘 팔리는 부품,
(알 수 없는 잡음이 들려서 그냥 꺼 놓게 됐어요)
내가 팔짱낀 어조로 대답하고
뻑뻑하게 남은 말을 따뜻한 유자차에 녹여서 건넸다
저 큰 가방 속이 궁금하다
어쩌면 저것들은 아프게 보인다
 하늘색 뱀들이 큰 들통 속에 뫼비우스의 띠처럼 둥글게
돌다가
 이따금 나를 흘깃 올려다보고는
 이내 무독성 플라스틱 호스처럼 자신을 위장한다

나는 독백처럼 뱉어낸다 미끌미끌한 회색 감정들
소화불량 걸린 뱀들의 내장을 비우고
견고한 독성을 재조립하는 남자의 단호한 손놀림
팔뚝에 힘을 준 그는 곪을 데로 곪은 자신을 교체하고
있었다

 -음악을 좋아하시나 봐요,
 -네 늘 물처럼 콸콸 틀어놔요 시원하거든요
 (리듬에는 심장을 뛰게 하는 전진이 있고 행동은 편의점에서 낱개로
파니까요)

내 생각은 잠시 지퍼백에 담아 놓고 물은 물을 뚫고 고요히
갇히고
저 커다란 가방 속 뱀들이 파고들 다음 늪지대를 상상해
본다

이제 차가운 자음과 뜨거운 모음은 막힘없이 쪼르륵 잘
쏟아지고

달의 계단

비탈을 실은 트럭이 급히 숨을 고르고
비좁은 골목이 곤란한 듯 움츠린다
자정이 다 되어 철제 계단을 밟고 옥탑방으로
짐을 나르는 사내의 등이 삐꺽거린다
(지금도 이런 달동네가 있어요? 네-)
화물차기사의 묻는 말에 나는 짧게 대답한다

방범창에 서린 성에가 나를 숨겨줘 다행인 밤
그래도, 살만한 곳일 거야
막다른 집은 별이 가까울수록 시야가 흐려지고
아무리 걷고 걸어도 여전히 바깥인 나의 어두운 연대기
그래도 오늘밤은 도구들을 옮긴다

나는 어떻게 알았을까 처음 본 이 골목 담벼락이 오래전 나였다는 것을, 한때 내일의 태양마저 죄다 가불해 방전된 얼굴들 틈에 있었다 생계를 붙들기 위해 누군가 기다리던 돌계단 여기, 오르막 월세의 신음에 고립된 스물한 살 파편들이 얼비친다 일찍 늙어버린 질병 같은 손마디, 별중에 가장 낮은 곳, 창문으로 들어오는 어둠이, 버려진 우주만큼 아득했었다 먼저 간 시간들의 못 자국, 누군가 놓고 간 염증들을 향해 무릎 꿇는 저녁에 물걸레질을 했었다 저 얼룩들, 유난히 등이 시렸던 사진을, 영하의 벽면에 축문처럼 걸어둔 적 있었다

〉
이사는 새벽가까이 되어 끝이 났다
골목 가득 매연을 터뜨리고 어둠을 빠져나가는 트럭
가로등 밑 꾸부정한 그림자 하나
또 다른 내가 시린 외발로 버려진 성처럼 거기 떠 있었다
잠시 전 트럭과 교환한 주머니 속 숫자 몇
홀쭉해진 지갑 속에서
앞으로 견뎌야할 한 달 치 지출의 무게가
피사의 사탑처럼 붕괴를 버티고 있다

거기 누구세요

철커덕 자물쇠 닫히는 소리 너무 큰집이었나요
하늘 깊이 박힌 큰 키의 조경수와
모두 잠든 밤이면 거인처럼 걸어 다닐지도 모를, 저 돌기둥
마법이 걸려있을 것만 같은 양탄자도 있어요
그 끝에 놓인 식탁이 갓 구운 빵과 함께
바로크 풍 액자가 연상되는 집이긴 했어요
담쟁이는 태양을 장편으로 받아 적고 가끔 개 짖는 소리와
아이들 목소리는 담을 넘기지 않아요

그런데 저곳은 누가 사는지

과묵한 대문 앞에 업둥이를 놓고 갔다는 소문도 돌았어요
강보에 싼 아이를 놓고 간
여자는 지금 어느 행성을 날아가는 중일까요

= 너는 많은 걸 기억하는구나
= 그래서 어떻게 되었어
= 어떻게 되긴 디지털은 명징해
= 심장과 언어 사이가 너무 멀었지

〉
검은 조약돌처럼 던져질 박쥐 그림자를 조심하세요
문틈으로 보이는 그곳은
세상과 맞지 않는 판타지였어요

멀지 않다

며칠 전 전봇대 아래 버려진 화분에서
피 묻은 동백이 주렁주렁 가지를 뻗었다
잠시 행인이 끊긴 그때,
반지하방으로 액체처럼 흘러드는 연두색 호기심

쪽방에 혼자 남아 기지개켜다 거미를 향해 점프하는 고양이 키 큰 옷걸이가 작은 휴지통 위로 쿵, 쓰러진다 휴지통에서 움직이는 검은 실오라기, 고요가 바스락, 구겨진다 주인 없는 방에 앉은뱅이책상이 어깨를 웅크리고 대신 앉아있다 한쪽에 던져진 낙서장, 언뜻 보니 적과 럼 았다 제발 그러나와 같이, 심하게 잘리고 구겨진 글자들이 이쪽으로 시선을 돌렸다 빈방, 찢어진 벽지에서 검은 선이 나타났다 그것들은 방 가운데로 좀 더 길게 그어지다 잠시 멈춘다 검은색 잉크가 사방으로 퍼지다 일제히 직선이 된다 검은 선이 다시 전진한다 청소기가 지나간 듯 새우깡 부스러기들 순식간에 사라진다 전열을 정비하는 개미들, 수백 마리가 일렬로 선다 과자를 먹어치워 배부른 개미들은 아까보다 굵어져 4B연필심이 된다 발 달린 직선이 방향을 바꾼다 다시 벽을 오른다 검은 실로 박음질하듯 또박또박 오른다 긴 대열에 조금씩 균열이 생긴다 모이고 흩어질 때마다 ㅏ 나 ㅗ 또는 ㅐ 같은 모음이 형성되다 이내 흩어진다 또 벽을 오른다 주인이 돌아오기 전 그 방을 해체해 개미굴로 모두 옮겨놓 겠다는 듯, 앞서 오르는 개미의 가파른 등을 뒤에서 떠받 친다 저녁이 오는데도 막판까지 오른다 가로등에 비친 개 미의 그림자도 기를 쓰고 빛을 향해 오른다 고비사막을 횡 단하는 낙타무리처럼 개미들, 말줄임표가 된다

  뒤틀리고 꺾였던 몸을 간신히 펼친 종이가
  한쪽 발을 심하게 절며 안도의 숨을 휴- 내쉬었다

  차가운 방바닥에 낙엽처럼 뒹구는 낙서 한 장,
  창문 밖 오토바이 불빛이 그것을 휙- 훑고 지나갔다

~~(엄마, 마지막이야 이번 한번만 받아 줌... 아니야. 그냥 엄마 목소리 듣고 싶어서)~~
지윤아 사랑한다 TT 제발 떠나지 마
당선소감 (~~내 복에 무슨...~~ 하늘에 계신 아빠 좀 도와줘요...)
자기 소개서 (면접 관련 예상문제 꿀팁)

  낡은 운동화는 밤늦도록 돌아오지 않고,
  반 뼘쯤 열린 반지하 창문으로 함박눈이 들이쳤다

부릇

 개펄 위를 걷다 보면 발밑에서부터 생각이 탁해졌다 몇 년 전 꿈을 탕진했던 남자를 향해 날아와 꽂히던 작살 같은 말들, 녹슨 부품 같던 아내가 다시는 마주치지 말자며 현관에 짱돌처럼 던지고 떠난 절규들, 여자의 짠내 밴 마지막 눈빛이 가슴에 작살로 박혀 잘 빠지지 않았다…

    낮잠에 빠져 고요한 어촌마을이 잘 말라 꾸덕꾸덕하다
    해풍에 배를 띄우고 꿈속에서 대어를 낚는 골목길

    어느 집 빨랫줄에는 새끼줄에 엮인 풀치들이
    자신의 텅 빈 동공 속에다 어린 구름들 풀어놓았다

    썰물이 되면 장화발 소리에 놀라
    분수처럼 제 위치를 들키고 마는 펄 속 기척들

    발뒤꿈치 들썩이며
    한낮의 노래를 탕진한 해당화, 끝
    썰물이 지나간 바다 아랫도리에서
    자신의 과오를 꿀렁꿀렁 실토하는 비린 분화구들

    마을 사람들은 그 숨구멍을 부릇이라 불렀다

〉
살다보면 눈 지그시 감아야
더 환히 만져지는 목록들 왜 없을까

개펄을 파내면 파낼수록 삽을 쥐고 놓지 않는
촉수 잘린 날짜들

가을, 목포에서는
삶의 벼랑에 간신히 매달린 사내의 캄캄한 가슴 속에도
낙지들이 들어가 숨는다
지난날의 실패를 곰삭히는 후회라는 놈들,
온통 미끄럽다

사내가 붙잡으려 발버둥칠수록
 스멀스멀 더 깊이 들어가 숨어버리는, 오래전 떠난 아내와 아이 얼굴
 해풍에 항구처럼 움푹 들어간 사내의 눈이
 망가진 5촉 전구처럼 흐려진다

펄 위에 납작 엎드려, 좀 더 깊숙이
 오른쪽 어깨까지 밀어넣어 기적을 힘껏 당겨보지만
 그새 어디로 잠적한 걸까 녀석은

〉
없다

온종일 삽으로 곳곳을 파헤친 개펄
한 남자가 허탕 친 수천 개 행성들이

우주 미아가 된 별자리처럼

오래

떠 있다

거미 연습

길게 늘어뜨린 추측을 망토처럼 끌고 다녔다
여자는 가끔 나타났고
그런 날 밤에는 상가 입구 긴 벤치가 집이 되었다
죽은 먹잇감처럼 잠들었다가, 아침이면
절대 잊지 않겠다는 듯
덜컹대는 혼잣말을
누군가의 얼굴처럼 주섬주섬 가방에 담는 손
유랑의 그림자는 가끔 사라졌고 가끔 나타났는데
돌아온 날에는, 망가진 지퍼처럼
물어도 대답 없는 것들이 양 손에 가득 들려있었다

벤치에서 일어난 여자가
구겨진 오늘을 부스스 껴입고 불투명한 허공을 보았다
과거에게 복수하듯,
납작한 주문을 걸고 자주 우두커니가 되는 여자
검게 칠한 눈썹 같은 낱말들이
거미집을 닮은 동공 속에서 바글거렸다

길가 덤불 속 깃털이 흩어진 채 미동 없는 저 새

〉
나는 가던 길을 멈추고 여자를 오래 보고 있다
두꺼운 패딩 속에서도
그녀의 속눈썹이 불러들인 계절은 조금씩 바뀌어갔다

가방을 든 채 비를 맞고 서있는 뒷모습이 다시
여자의 가방 속 목록으로 채워지는 오후,
금방이라도 가방이 깨어나
거미처럼 무수히 알을 낳을 것만 같다

화분처럼 서있는 저 여자를 누가 꺼내줄까

모르는 손님이 대문을 기웃거린다

그의 머리칼을 어루만진 건

목을 맨 조등이 허공에서 비를 맞고 있다

너는 그에게 무엇이었나
오늘도 불안은 거미줄처럼 복사되고
형처럼 여기라던 첫 직장 선배는
너무 자주 주먹을 그에게 발송했다
이유 없는 직장의 구타, 청년은 점점 절벽이 되어갔다
그 무엇이라도 되고 싶어
벗어나야 할 때를 놓치고 말았다

출구 잃은 말들이 유리창으로 달려가 몸을 날리는 환상,
명치끝에 걸린 한 문장
뛰어내리지 못한 오늘이 죽은 폐지처럼 쌓여갔다

프라이버시라는 포장 속, 선을 긋고 돌아선 너
(이해해요) - 그러나 너는 사실 도무지 알고 싶지 않은
(그래도 힘내요) - 그러나 실은 애초부터 관심 없는 너

〉
벗어나려 아무리 달려도 해진 무릎에 걸리고 마는 무릎
그는 보았다 발목 잃어버린 내일을
결국 어제의 끝에서 새처럼 몸을 날렸을 때
맹렬하게 출근 시간을 알리던 그의 핸드폰,
공중에서 온몸으로 춤추듯 내려오는 그의 머리칼을
바람이 품에 안고 어루만졌다
콘크리트 바닥이 가까워지더니, 누군가의 그림자가
아스팔트 위 물고기처럼 펄떡이다 파르르 멈췄다
목적은 죄다 남의 일일까

아주 쿨하게 맥박이 멈췄고,
더는 창피함이 느껴지지 않아서

좋았다

곡선을 먹는 새

형체를 알아볼 수 없이 구겨진, 기계음들
무덤처럼 정지해 있는 녹슨 너
어디서부터 역류한 걸까 허공이 뱉어낸 멧비둘기
하늘이 곡선을 버리자 들판과 나무들 삽시간에 숨이 멈춘다
서쪽으로 추락한 비둘기가
너의 동공 속에서 붉은 물감으로 번진다

여기가 목적지였을까,

당신이 삭제된 게 시월이었나 핀셋처럼 뽑혀나간 너
내다버릴 독백들을 나는 밤새 분리했다
둥근 혓바닥 한짝이 없어도, 바퀴들은 새처럼 날아올랐다
날개의 스위치는 두 개였다
혼자 울기에 더없이 좋은 너의 두 팔과 심장
새들은 어제보다 더 둥글어졌다
신축성 좋은 목소리는 매일 돋아났고 매일 버려졌다
간밤에는 공사장 야광봉이 지저귀는 것을 본 사람이 있었다
몇은 아스팔트를 믿었고 몇은 조금 남은 새벽을 힘껏 짜서 양치질 했다
물렁해진 바퀴는 물고기처럼 부드러웠다 진짜 여기가
목적지였을까 잠버릇이 둥글었던 너, 움푹 패인 운전석은
알약대신 너를 삼켰다

〉
 교차로에 급정지했을 때, 안전벨트에 힘을 준 것은 너였나 새였나
 발톱은 이미

 적색 선을 넘은 뒤였다

언 바람태*

강풍이 부는 새벽,
사내가 성탄 카드 속에서 걸어 나와 덕장으로 향했다
정육면체가 또 하늘에서 내릴 거라는 일기예보
금방이라도 입김처럼 하얗게 지워질 것만 같은 겨울 덕장
 젊은 남자가 길게 엮은 지지대 위를 함박눈보다 바삐 오갔다
 돌덩이처럼 얼어붙은 노끈뭉치를 혼잣말하듯 탁탁, 털어내는 그의 장갑
 송곳바람이 굶주린 짐승처럼 해안을 떠돈다

 오래전 남편의 뱃일을 원치 않았던 노파가, 꾸부정한 표정을 등 뒤로 깍지 끼고서 눈 쌓인 산비탈을 오른다 몇 년 전 풍랑에 남편을 잃은 후 (너마저 물귀신이 되게 할 순 없다) 아들은 결국 아버지 유품인 어선 대신 명태덕장을 택했다 한때 젊었던 엄마가 갓 잡아온 명태를 담아 날랐던, 닳고 닳은 대소쿠리는 이제 창고 벽에 걸린 채 늙은 엄마처럼 구멍이 훤하다 (눈 온다구 조업을 쉴 수 있남? 어부와 풍랑은 한식구인 것이여) 생전의 아버지가 놓고 간 말들이 등대처럼 아들의 명치끝에 걸려 이따금 흔들린다

⟩
 오늘도 해풍에 꾸덕이는 명태들 주렴처럼 파도를 타고
 비린내가 고여 있는 검은 장화를 벗어 꽁꽁 언 새벽별을 털었다
 저 멀리 끝이 보이지 않는 묵호항 비탈의 명태덕장.
 이젠 그림자로 남은 아버지와 한때 호황을 누렸던 산제골 언 바람태

 또다시 각주로 매달린 명태들의 늙은 발가락을 눈발이 뒤덮는다
 눈물이 바싹 마른 가슴들, 코처럼 꿰어진 하루치의 힘으로
 동태가 물 빠질 때를 기다리다 천천히 허리를 펴면
 항구를 놓고 비탈을 오른 눈송이가 하얗게 벽화마을로 들어섰다

언 바람태*

묵호항 벽화마을에서 말린 명태.

사라진 생일
- 이태원 참사

무슨 일이죠
거울에 비치지 않는 창백한 아이가 저만치 서 있습니다
자신의 생사도 잊고서 골목을 누비는 아이들
보도블록 위로 후회들이 꾸물꾸물 기어다닙니다
버림받은 전단지도 안전선 밖에서 울고 있습니다

발효된 길바닥이 먼지로 쿨럭거리던 날이었습니다
시월의 유령들로 한껏 꾸며 입은 코스프레
비좁은 골목길, 택배상자도 아닌데 신음들 마구 쌓여
전봇대마저 호흡곤란으로 내일이 식어가고
푸르던 가로수들 위중했을 때 나무들은 알았을까요?

이 도시의 담벼락처럼 납작하게 서 있는 저 여자아이
 늪지대를 경계하듯, 바람은 골목 입구에서 식은땀을 흘립니다
 송곳 같은 비명과 함께 영영 겨울 속에 박제된 이태원
 H호텔 골목을 그림자 없는 운동화와 미니스커트들이 지나갑니다

〉
그날 집을 나가 소식이 끊긴 후
폴리스라인에서 뒤늦게 흘러내리는 검고 노란 후회들과
섬뜩한 추모비처럼 당신에게서 등돌린 침묵들
지금 이태원 삼거리엔 태양도 발을 끊었습니다

그곳 어딘가에는 아직도
식은 가로등처럼 아스팔트 위에 쓰러져 있을
누구가의 생일을 실성한 유월이 장미꽃을 세듯 중얼거리고

한껏 들뜬 초저녁 바람이 뒤에서 밀은 것일까요 맙소사
온몸이 붓고 혈관이 터진 핏빛 가로수들
일제히 땅으로 쏟아졌고, 비명들 켜켜이 깔려
호흡곤란과 장기파열로 밤새 가벼워지고 있습니다

마차리의 팔월

　이곳 사람들의 뜯어진 질문들은 한곳으로 간다

　종잇장처럼 구겨진 무릎통증을 가죽천으로 감싸고 하루를 펴는 김씨
　정수리를 달구며 털털거리는, 천정에서 돌아가는 녹슨 바람
　손가락이 어눌해 보이는 주름 가득한 사내가 땀을 훔쳤다
　영월군 북면 마차리
　오래전 갱도에 갇히고 나서야 알게 된 아프기 전의 전생 같은 순간들
　나사를 풀던 그가 보청기 볼륨을 무더위 반대편으로 바짝 당긴다
　겨우 한 몸 붙일 찜통 수리점,
　다리 없는 생도 가끔은 설익은 목록들의 위로가 되었다
　분리수거함에서 주워와 고쳤다는 트로트 곡조가 물고기처럼 싱싱하다
　수리점 문 밖으로 산을 바라보면,
　갱도 앞에서 매일 안전제일을 외치던 술친구들 살아서 걸어 나오고
　너무 멀리 있어 만날 수 없는 것들의 뒷모습은 가볍다 이곳에선
　노후로 주저앉은 형체들마다 작은 키를 안고 산다
　삐걱대는 부위마다 염증을 닦아내고 조각난 내일을 덧대주던 김씨가

종일 눈이 붉게 생의 녹을 벗겨내고 들여다보는 일
폐 속 깊이 뿌리내린 탄가루가 밀어낸 헛기침이
눈먼 시간을 열고 웃자란 숨을 다듬었다

기억에서 가볍게 떠밀린 쓸쓸한 생의 바퀴들

수명을 다해 붕괴된 사연이나 겉장의 함몰, 상실의 빈자리가 큰 것들도
사내의 손을 거치면 모두 피가 돌고 주름이 펴졌다
방금 새로 태어난 마디들을 봉지에 담아주고
인사를 거슬러 받는 노인의 오후, 덤으로 사는 콧노래란 그런 것이다
과거 한때 사채에 쫓겨 다급히 야밤을 행갈이 했던 날들과
귀신처럼 따라붙던 붉은 고지서들과 음각처럼 숨죽였던 날들도
이제는 다 여분의 시접처럼 올 풀린 흑백이 되었다던
김씨가, 단골손님이 출근길에 맡기고 간 찢어진 과거를 집어 든다

그의 발밑에는 나사가 풀려 헐거워진 낱말들이
발굴되길 기다리는 폐광된 동굴의 유적처럼 고요히 늘어서 있다

케밥은 터키어를 하지 않는다

윤곽만 남은 간판이 나를 바라본다
옛집을 찾듯 낯선 이방인이 되어 말뚝처럼 서 있다
골목은 어디에나 있지만 여기 경리단 길 가파른 계단 앞
풍경 속에서 잘 익은 꼬치를 돌리는 손길,
'마시서요'
터키 사내가 따뜻한 샌드위치에 어눌한 한국어를 싸서
내게 내밀며 웃는다

엇?

얼른 다시 돌아보니

아무도 없는 골목,

용산 미군부대가 철수한 후,
손 흔들어 주던 창문은 충치처럼 뽑히고
찬바람만 담장 밑에서 등이 굽어 있다
사장님 목소리도 간판을 내린 지 오래고
흉터로 남은 통증을 삼거리 약국이 달래고 있었다

〉
익숙한 콧노래가 손 흔들며 길을 가로지른다
(돌아보니 오래전 죽은 친구였다)
저 애가 아직도 서른 살로 걸어 다니는 이곳에서
나는 이제 아무것도 맹세하거나 다짐하지 않는다

한때
검고 짙은 콧수염이 명물이었던 경리단 길 케밥 골목
고기노린내 밴 수많은 메모들이
그날처럼 길게 줄 서 있다

달팽이들의 최후

교차로가 그것을 잃는 건 아주 순식간이다

부~아~앙 오토바이 소리를 막지 못한 노파의 비명이
잘게 부서진 풀잎처럼, 아스팔트 위로 날아올랐다가
웨하스 부스러기들처럼 공중으로 이내 흩어졌다

갑자기 쓸모를 잃은 두 마리의 달팽이,
침묵만 우글거리는 소리들의 동굴에 불이 꺼지고
텅 빈 노파가 그 난청 속에 갇혔다

청각의 내부로 들어가려는 소리들
상어 떼처럼 달팽이관의 벽을 두드리고
더 작은 소리들은 소리의 문 밖에서 입구를 찾지 못해
실치 떼처럼 꼬물거린다

돌아갈 곳을 잃고
갑자기 길 위를 뛰어다니는 무수한 저 소리들

축음기처럼 독수리표 전축처럼 노파가 평생 웅얼댔던
목포의 눈물과 여자의 일생도 그 순간 씨가 말랐다
뒤늦게 재미 붙였던 섬마을 선생님도 동백아가씨도

중상을 입은 채 아스팔트 위에 누워 있다
나훈아와 태진아 현철과 같은 이름들이
청각 속에서 팔다리가 부러지거나 기형처럼 섞이고,
두 마리의 달팽이는 소리의 불구가 되었다

공황에 빠져버린, 입을 통해 전해지던 모든 의미들

 털실로 장갑을 짜듯
 알 수 없는 말만 되풀이되는 손가락 말들에 귀 기울여 보지만
 돌처럼 딱딱해진 소리들 좀체
 청각의 텃밭으로 돌아오지 못한다

섬진강에서 전사한 나의 차력사
- 그때를 아시나요

물컹한 한낮,
껑충 웃자란 강아지풀이 꼬리치며 장독대로 뛰어 갔다
저 트랜드, 놈은 어떻게 알았을까
한쪽 다리 어슷하게 치켜든 것은 21세기 로코코양식,
몸 속 수위가 높아진 뜨끈한 담수량을
몸가락 기울여 쏟아내더니 들판 쪽으로 내달렸다

졸음처럼 고요한 사내, 귀속으로 동심초가 간드러지게 스며들더니, 순간 꼬리 물고서 홍도야 울지 마라 가락이 뒤를 이었다 툇마루 끝에 어깨를 둥글게 말고 걸터앉은 아버지는 그 시절 어린 나의 차력사였다

맨 발로 오래 울어, 수평이 기울어진 능수버들과 뒷산 새소리 방석으로 깔고 앉아서, 동정호 허공에 투명한 물을 가득 채우고 신출귀몰하게 귀선을 띄우는, 매우 신령한 묘기를 내 앞에서 부리곤 하셨다

그것은 어쩌면 장군님도 오셨다가 울고 가실 개인기

오래전 장군님은 전적지에서 수시로 전열을 정비하셨다고 한다

〉
오래전 나의 아버지도
신령한 힘으로 평사리 냇가에 앉아 거북선들을 아주 오래 띄웠는데
세상은 그것을 줄담배라고 불렀다

주머니가 헐렁하거나 심호흡 몇 줌만 있다면
담배 한 갑쯤 가볍게 강진바다 허공에다 탕진하고 마는,
아버지 근처에 가면 조총도 없는데 탕, 탕, 소리가 들렸다

학교 갔다 와서 배고파 반다지 열어보면
내 차력사가 지휘하던 거북선은 놀랍게도
이순신장군님의 열 두 척보다 한 두 척 많은 날도 있었다

그런 날엔 필시 누군가 집에 다녀간 증거,
그렇게 아버지는 군량미 대신 집에 쌀이 떨어지거나 주머니 사정이 신통치 않은 날엔, 허공에 거북선 연기 몇 모락모락 띄워놓고 벌목장에 취직할까 원양어선을 탈까 손익계산에 몰입하곤 했다

〉
어느 날 내 아버지의 유일한 전공이었던 섯다와 삼팔광땡,
그리고 도리집고땡이 영 끗발을 날리지 못했던 걸로 기억한다

그날 나의 차력사는
왜(倭)놈 대신 외지에서 숨어든 놈들과 동양화로 밤새도록 한판 붙었다
아버지는 쪽수에서 밀렸지만, OK목장의 혈투는 새벽까지 계속 되었다
손놀림이 귀신같던 외(外)놈들에게 홀로 장렬히 참패한 나의 차력사는
내 어머니의 휑한 살림을 들쑤셔놓고 그 새벽에 안티프라민처럼 흔적 없이 휘발해버렸다

머리에 기계총을 심하게 앓았던 그해
나의 기성회비는 차력사의 실종덕분에 끝도 없이 유예됐다
나도 모르는 사이에 생과부집 아들로 내 신분은 일 계급 승진되어 있었고
젊은 엄마의 등처럼 휜 길을 돌아올 때면, 이젠 주인도 없는 거북선 담배와 막걸리가
버짐 먹은 나를 술 취한 들판처럼 데리고 다니곤 했다

〉
생과부집에 그 차력사가 다시 나타난 건 몇 년 후였다

 안개 속에 허공을 향해 서서, 갈고리처럼 꾸부러진 손가락으로, 거북선담배에 불을 댕기던 나의 등 굽은 차력사는, 더 이상 무찌를 허공이 모자랐는지, 가끔은 어린 나를 데리고 강진바다까지 진군해 가상의 적들을 향해 입으로 화포를 발사하는 날이 늘어갔다

 희망도 도라지도 청자도 첨성대도 다보탑도 파고다도 새나라도 아닌, 오로지 거북선만을 고집하며, 자신의 애국심을 철갑으로 무장했던 나의 이 빠진 차력사는, 온 집안을 독한 생화학 안개로 포위해 버렸고, 결국 자신의 죽음을 어서 빨리 달려가 윗말 큰 아버지께 알리라는 장중한 유언과 함께 굴뚝 연기보다 더 매캐해진 가슴을, 움켜쥔 채 더는 외침이 없는 영원한 평화를 찾아, 해오라기처럼 날아가셨다

 한참 뒤에 떠올려보니 나의 그리운 차력사는
 빛바랜 내 기억 속에서 지금도 여전히 백의종군 중이었고
 그 후, 이 땅에 종전이 생각보다 길어져
 거북선 화포는 섬진강 허공 위로 한동안 출정하지 않았다

몽키포드

진갈색 테이블에 앉은 오늘 저녁엔
풀어진 스웨터 소매 끝이 손가락을 베고 죽었다
전설 속 거인이 초원을 거쳐 마을로 돌아온다면
원숭이들이 저 나무 위로 나타나 춤을 출까

분명, 저렇게
해안선만큼 크고 붉은 망토를 걸쳤을 텐데
눈이 하나인 거인이
바닷가 모래 위에 휘장처럼 로브를 펼치는 환상
그러나 몽키포드 나뭇가지에 원숭이들은 보이지 않고,
누군가를 향해 손짓하듯 나무의 숨소리를 쓰다듬는다

오늘은 神들의 계곡에서 흘러든 따뜻한 노을만 골라
주황물감처럼 욕조에 모아야지

먼데서 오는 빛의 램프는 꺼져도 좋아
난간에 서서 머리에 흰 꽃을 꽂으며 중얼거린다
노을의 절반은 창밖에 있고 정수리가 달궈 진다

저녁이슬 묻은 풀잎을 만지며 부른 노래는
오래 말리면 갈색 향신료가 된다고 했지

〉
마을 노파가 오래전 말했을 때
동물들 모두 잠잘 곳으로 돌아간 들판에
다크 초콜릿 색깔의 밤이 흘러들었다

처음 보는 나무 앞에 서면,
가장 먼 여행지가 제일 먼저 척추를 새운다

078 · 검은 것 사이
080 · 우어
082 · 벽과 벽이 사선으로 걸어 나와 서로의 손을 잡았을 때
084 · 新 공룡시대
088 · 선인장과 코끼리와 손잡이
090 · 메니에르 증후군
092 · 우로보로스
096 · 부서진 비밀
098 · 매듭
100 · 경계를 씻다
102 · 떠다니다
104 · 공중 우물

검은 것 사이

불규칙한 것들이 어둠을 쥐고 있다

부풀기 시작하는 기포들
격렬하게 엉킨다 서서히
창살처럼 갇히기 시작하는 밤의 고립

병실 밖, 모과나무가 믿기 어렵다는 표정을 흔들고
앞에서 말하는데 먼데서 들리는 주치의 말
목소리는 잠기고 머릿속은 해저로 서서히 가라앉고 있었다

긴 몽유, 짧은 현실
말 안 해도 다 안다는 듯 굳게 닫은 침묵들 사이로
초침소리만 저만치 복도를 앞질러 걸었다

떠다니는 체취 위로 또 다른 발자국이 지나가고
엔딩이 없는 세계 아래에서
 또 하나의 예언을 밀어올리는 종유석같이, 순서의 차이일 뿐
우린 다함께 이미 죽었거나 아직 죽어가는 중이었다
슬픔은 생을 낭비하는 것이라던 건조한 친구가 생각난다
그를 배웅할 때 함께 넣어주지 못한 언어들은 이제 액정에 접어놓는다

바싹 졸아버린 최후의 언어는 의미가 사라져 안팎이 동일
하다
 큰 아이가 돌아간 후,
 혼자서 통과해야할 밤의 슬픔에는 유독, 가시가 많았다
나는 지금
 불 꺼진 그의, 어디쯤을 지나고 있는 걸까
 흙으로 돌아가는 철 지난 슈트
 기하학적으로 무기력한 상태에 빠진 나를
 어두운 벽 속에서 천천히 꺼낸다

 검은 것과 검은 것 사이,
 환상에 붙들린 적막은 한동안 더 일어나지 못했다

우어

어린 물이 자기 키 보다 깊은 수심에 잠긴다
엄마처럼 받치고 있다 물살은
휘어진 하체를 가만히
그는 투명한 무릎으로 장애 아이를 짐승처럼 품는다
물속에는 무수한 길이 있고
(나는 물고기야)
아이가 우- 우- 속으로 생각한다
생각은, 수 천 수만 개의 갈래로 물을 자르고 골목이 되는 물
길이라는 말은 본래 물에 살아서
글자 밑에, 인어처럼 ㄹ이라는 기다란 꼬리지느러미가 있다

아이의 수영시간에 언어는 필요 없어서
태어날 때 더 많은 발음들은 모두 버리고 왔을까
기뻐도, 좋아도, 가라앉아도, 물에 잘 떠도
아이는 우- 우-
가장 짧게 한 가지 소리만 낸다

단어보다 소리가 더 긴 아이야
 저 간절한 몸동작은 수심 어디까지 들어가야 물보다 부드러운 언어가 되어
 연어처럼 아이에게 다시

\>
돌아올까

허공에 아이 웃음 하얗게 쌓이고
수압보다 경직된 등뼈를 물의 손을 빌려 펼칠 때
페이지마다 젖는다 벽이 조금씩 밀리고
분홍색 물고기가 된 한 아이를 느리게 받아낸다

벽과 벽이 사선으로 걸어 나와 서로의 손을 잡았을 때

거기,
왼쪽과 오른쪽 풍경은 창틈으로 들어오는 굴절 된 빛
아니다 너와 나는 동시에 그것들을 또 다른 벽이라고 외쳤다

스크레치 페이퍼 안에는 층층 계단 몇 개가 하늘로 향해 있었다
그것은 약간 오르막길처럼 경사져 있었고
정면에서 바라보면, 길 양쪽으로 바싹 마른 겨울 숲이 서 있었다
그날 나의 오후도 그렇게 비스듬히 꾸부러진 길 같았다
가만히 있어도 올라가는, 흘러가는, 끝없는,
길은 언제 봐도 늘 비어 있으므로 들리지 않는 기도였다
저 길 끝에서 누군가를 기다리던 낯설지 않는 착각이
나를 그 속으로 계속 물처럼 빨아들이고 있었다
소실점은 눈발이 날리다
누군가 전선코드를 뽑아 순간 정지된 것처럼 보였다
풍경은 언제나 문득, 이라는 생각 끝에서부터 시작되었고
공원에서 갑자기 무릎을 털고 일어나는 사람처럼
길 끝 풍경이 종이처럼 모퉁이가 접히기 시작했다
나와 가까운 지점부터 페이퍼는 가장 넓어졌다가
멀어져갈수록 뾰족해지도록 그림은 직삼각형처럼 계속

접히고 있었고
 오르막 길 저 너머로
 누군가 뒷모습으로 걸어가며 멀어지는 중이었다
 그 뒤를 내가 따라 그림 속으로 들어가 또 다른 풍경이 되고
 그림자 하나가 내 발 밑에서 돋아났다 액자 속 구름은 구름답게 느리게 흘렀다
 페이퍼를 접는 손가락에 따라 정지하는 법도 구름과 나뭇잎은 이미 알고 있었다
 두 개의 뒷모습
 계속 소실점을 걸어서 그 길 바깥을 향해 나아가는,
 그들은 평생을 걸어도 그곳에서 늙을 것이다
 스크레치 페이퍼 하나를
 벗어날 수 없다는 것을 모두가 모르고 있었다

 소실점은 세상에서 가장 긴 하나의
 주술이었고 감옥이었다
 한번도 출구를 그려 넣는 화가는 없었다

新 공룡시대

안과 촬영실 부스 안 빛의 막대들이 작살처럼 날아든다

-빨간 초점을 보시고 그대로 계세요

들리는 소리에 눈앞 판타지들이 수없이 지나간다

내가 0.3이나 0.2 사이에서 사물을 잃고 반성하는 사이
귓속에 쌀가마처럼 쌓이는 질문들이 요란하다
이런 진지한 뼈는 본 적이 없다는 원장님은
렌즈를 가까이 대고 만화경 속 같은 동공사진을 가리키며
마우스로 뼈를 찾아낸다 애완견도 아니고, 육식공룡
티라노사우루스도 아니다
 내가 양육하지 않은 뼈가 내 각막을 숙주로 삼고 있을 줄이야

 병원 문을 나서는데
 방금 전 의사의 말이 또 하나의 뼈가 되어 시야에 박혀들었다
 순간 보도블록 위로 바코드가 복제되고
 길 건너 발목들이 연쇄살인처럼 툭툭 토막 난 채
 허공에서 떠다닌다
 내가 들국화 근처나 코스모스 부근에서 방심한 사이

병은 내 동공 안쪽까지 침입해 길을 내고 있었다
마이너스로 치달은 불길한 숫자들이 비린내처럼
검은 비로 망막에 번지고
바깥보다 내 안쪽, 빛을 잃은 어느 지점이 더 추웠다

기포처럼 떠오르는 우울로 잠을 설치고
새벽 일찍 거울 앞에서 내가 나를 들여다보는데
우물보다 더 깊은 내 눈, 블루홀처럼 발이 닿지 않는다

눈 뜬 새벽이 나를 뚫어져라 보고 있다

선인장과 코끼리와 손잡이

 현관문이 깨어나자
 선인장이 발톱을 하얗게 세운다
 창문을 관통한 햇살이 화살처럼 쏟아진다
 옥상에 중독된 이파리들, 허공을 밝으며 올라간다
 햇살 받은 코끼리가, 지팡이를 닮은 잿빛 할아버지를 피운다
 손잡이가 망가진 할머니는
 S사의 카디건 레이스 치마를 꼭 챙겨 입어야 해하며 코끼리 소리를 냈다
 약 냄새가 어지럽던 그녀, 그런 눈으로 보지 마세요
 그림자가 코끼리를 데리고 길을 떠났다
 온몸을 얇게 말은 세 시가 선인장 이마에서 미끄럼을 탔다
 천둥번개를 삼킬 때마다 화분에서 가시가 돋았다
 반으로 접히지 않는 숨가쁜 시간들
 그때마다 손바닥 닮은 코끼리를 선인장처럼 접었다
 종이처럼 구겨진 숨소리가 색종이처럼 끝없이 잘려 나갔다
 잘린 종이 속에서 뜯긴 실밥처럼 울음소리가 펄럭였다
 해바라기처럼 둥근 수백 개의 발바닥이 잿빛 창틀을 끝없이 넘어갔다

>
 현관문을 아무리 세게 닫아도 바깥은 여전히 안에 있었고

 손잡이가 떨어진 할머니만 집안에서 바깥을 열고 물을 주었다

 키가 천장까지 자란 선인장이 코끼리대신 화분에서 걸어 나왔다

메니에르 증후군

 어둠이 두려움을 방안 가득 토해 놓는다

 의사는 창백한 차트를 아크릴판 속으로 매장시키며
 증세가 보이면 약으로 다스려야 합니다 절대 안정하고요
 라고 말하며 내 눈 속을 살폈다

 방향을 잃은 동공 속
 그동안 맹신했던 수평이 나를 벼랑 밑으로 내던지고
 평지와 같은 계절들 위에서도 자주 일상의 중심이 붕괴됐다

 확대되었던 일상이 조그만해지고
 확성기처럼 들려오던 소리들의 문이 닫힌 지 며칠,
 전선을 닮아 가느다란 세포들은
 청각의 경작을 폐업하겠다는 듯, 세상 밖 불협화음마저 점점 고요해지고
 크고 작은 현기증이 민들레처럼 하얗게 정수리에 떠다니기 시작한다

 식도를 쥐고서 미끄러진 알약들은
 검은 안쪽에서 내 몸을 횡단하고
 차라리 깨어나지 않았으면 하는, 시들거나 변질 된 기원

들이 나를 장악한다
 두려움 내부에 열이 오르자
 과묵했던 이불이 순간 내 위태로운 몸을 방구들 안쪽으로 휙, 끌고 가버리고

 허리띠가 풀린 청력은 난청에 복무하기 시작하고
 과거 곧은 길로 들어왔던 모든 소리가 기형적으로 얼굴을 바꾼다

 미량의 시간조차
 나를 지탱해 주던 언덕들이 눈에 띄게 줄었다

 흰 가운들은
 중심을 잃고 휘청거리는 나의 혼몽한 유언을 차가운 스트레쳐카에 싣고
 복도와 응급실을 이리저리 끌고 다녔다

 저만치 건너다보이는 계절은 모두 병실 밖에서 반짝였고 그 무엇도
 내가 기댈 수 있는 안전한 그래프는 주어지는 법이 없었다
 안갯속 새벽은 서서히 초록의 순간들을 뽑아버리고

밀어내도 말을 듣지 않는 세포들만, 시든 콩나물이 되어
뇌리 속을 걸어다녔다

 메니에르, 얼마나 더 나에게 금이 가는 슬픔을 양 떼처럼
몰고 다니고
 메니에르, 얼마나 더 아찔한 용량의 인공적 평안을 내
혈관에 흘려 넣을지,
 오늘 아침엔 먹구름 새로 늦게 깨어난 햇살이
 창백한 환자복을 입고 침상에 감금되어 나를 보았다

 자고 깨면, 회복은 건너편 병실의 몫이었고
 나는 수시로 내가 신뢰했던 수평적인 궤도 속을 번개의
속도로 벗어났다 새벽 늦게야 돌아오곤 했다

 문득 병실 밖을 내다보니
 암 병동 화단에서 연둣빛 캡슐을 열고 탈출한 흑장미 하나
 아직은 고열에 손발이 묶인 채
 시들어버린 주말 오후를 차갑게 관통하고 있었다

우로보로스*

 - 속에 입은 딱딱한 웃음들 모두 벗어서 바구니에 넣으시고요 저 밑에 환자복 바지 보이시죠 그걸로 갈아입고 올라와 편안히 누우세요

 등을 구부리면 새우가 된 기분입니다

 무섭게 노려보는 의료기기들,
 뱀처럼 독니가 보이는 커다란 의사의 입

 내가 나를 단숨에 물어버리는 순환곡선

 내 혈관을 타고 구불구불 침입하는 마취제, 귀신처럼 부드러운 이 프레임
 하체 어디쯤이 항문처럼 조이거나 근질거릴 때

 - 엄마 그건 내가 한 말이 아니에요 이건 꿈일 거야 무영등이 나 대신 중얼거렸어요

 분수처럼 쏟아지는 수술등 불빛 아래
 독한 크레졸 냄새와 낯설고 찬 공기가 밧줄이 되어 나를 조여와요
 엉덩이를 닮은 붉은 사과를 수술대 위에서 수면마취합니다
 하나 두울 세에…에……
 갈매기가 되어 천장을 날아다니는 간호사 웃음소리

>
   - 내가 간호사로 보이니…?

 의사가 음악을 음악이 간호사를 간호사가 조무사를 삼켜요

 몽롱함 밖으로 탈출하려 했을 때, 고향 모래사장에서
  손가락 사이로 빠져나가던 무수한 눈알을 유년의 내 손이 들고 달려옵니다
  손을 뻗어도 잡히지 않는 아득한 시간, 어딘가로 카테터 쑥쑥 밀어 넣는 소리

 잠깐. 트레이 부딪치는 긴박한 움직임

 복제된 내가 덩어리 덩어리로 끝없이 태어납니다
 레이저에 지져진 용종이 나를 멍하니 올려봅니다
  아메바를 닮은 일그러진 살점이 잠든 나를 보며 인상을 찌푸렸다

 - 의사선생님 저 거대한 살점도 저예요?

 나는 분명 말하는데 아무도 듣는 사람이 없습니다
 내 얼굴을 한 물혹들이, 아니 내 얼굴을 한 거대한 살덩이가
  비누풍선처럼 날아올라 수술실 천장에서 깔깔깔 떠다닙니다

〉
  쏟아지는 폭포수 아래 유빙처럼 떠다니는, 검은 뱀
  검사실 밖에는 처음 보는 뱀이 세척을 마치고 대기 중입니다
  그 아래 현실로 나오지 못한 내 그림자가 아직도 뱀에게 관통당하는 중입니다
  복도에서 차트를 손에 든 간호사가 엘리베이터 대신 아찔한 절벽 아래로 날아갑니다
  버스를 기다리는 검은 정수리들,
  그 대열에 살짝 착지합니다

    - 이번이 막차입니까 저는 아직 수술실에서 깨어나지 못 했어요

버스 창밖으로 표정 없는 얼굴을 늘어트린 유령들
핀셋 아래로 끝없이 추락해도 내 귀에만 들리는 비명
몸이 손톱 만해지고 물파스같이 흩어집니다

눈 뜨시고 모니터를 보세요 끝났습니다
혀끝이 갈라진 파충류 의사, 표정만 들리는 몽롱한 언어
모니터가 네모난 입으로 퉤 뱉어놓은 동굴 속에서
낯익은 헛소리가 끝없이 새끼를 칩니다

    - 나는 너를 먹지 않았어

〉
 횡단보도가 검은 뱀이 되어 구불구불 따라오는 동안 연속되는 환청
 병천순대를 닮은 좁은 반경, 나는 무엇을 삼킨 거지?
 나무를 닮은 주름들이 주술에 걸린 듯 터널을 따라간다
 단단히 밀폐된 통증 속을 빠져나오자
 탁월하게 내장을 쓸고 다녔을 호스가 아무 일 없었다는 듯 졸고 있다

　－ 이제 일어나셔도 됩니다

 옷을 입고 병원문을 나서는데, 내게만 집요하게 투영되는 세상
 문틈 새로 끝없이 기어 나오는 파충류의 혓바닥

 그날 나는,
 내 속에 살고 있던 너무 많은 나를 잡아먹고 집으로 갔다

우로보로스[Ouroboros]*
자신의 꼬리를 물어서 원형을 만드는 뱀이나 용. 그리스어.

부서진 비밀

 피부가 뜯긴 사각에 네모를 입힌다 그 안에서 별자리처럼 흔들리는 차가운 고요 고인돌 속 돌베개는 심장이 있고, 심장이 없고, 너덜겅 가운데 죽음을 떠받친 자리, 크고 작은 부장품들이 수직으로 선 물음표를 닮았다 북두칠성을 밟고 서서 누군가 우주를 조금씩 굴렸다 반쯤 눈을 뜬 족장의 알아들을 수 없는 말들, 오지 않을 주인을 기다리는 차가운 침대와 베개

 지난여름, 내 옆에 누운 그가 창백한 얼굴로 말했었지
  (온수매트 온도 좀 올려줘…… 왜 이리 춥지……?)
 그 음성을 고스란히 받아 기록하던 나의 축축한 귀

 여자 족장이, 방금 전보다 더 눈이 감긴 그에게 물었다 (나를 버릴 거야?)
 남자 족장이 작게 대답했다 (아니, 나를 버릴 거야)
 같이 너무 오래 살았다 늙은 제사장의 주술처럼 둘은 점점 얇아지다가
 어느 날부터는 곁에 있어도 너무 투명해, 서로 보이지 않았다

 반쯤 숨져가는 남자의 동공이 힘겹게 말했다 (진통제 좀 하나 더 놔줘……)

한 번씩 몸을 말고 돌아눕는 희미한 목소리
 각자 바닥을 서서히 들어내던
 남자의 몸은 움직이지 못했고, 입술은 아직 의식이 남아 있었다 (나 좀 눕혀줘……)
 베개를 복사하면 여기 없어야 하는 기억이 바글바글 기어나왔다
 오래된 어제를 열면 벽에 걸린 나무가 보였고, 나무 꼭대기
 그가 두고 간 심장이 돌로 된 제단 위에서 들썩거리는 환상이 보였다

 기우제를 기억하는 족장의 베개,
 이따금 곁에 누운 여자에게로 신들린 노래가 떠내려왔다
 사슴벌레와 낙타가 멀어진 지점에서부터 별이 뜨거나 비가 내렸다
 수천 년 동안 서로의 창문이 된 두 귀
 너는 없고 네가 내게 놓고 간 흰 사각만이
 오목한 자세로 방 한 귀퉁이에 계속 앉아 있었다
 음각이 되었다 그날 이후 너에 관한 모든 것은

 그날 밤 꿈속에서는
 강화 고인돌의 거대한 덮개돌을 포클레인이 천천히 들어올리는 게 보였다

매듭

 그 소읍 삼거리 오른쪽에 수선하는 여자가 산다
 옷감 위를 벌판처럼 달리는 노루발이 종일 손끝에서
 미완에 그친 날들을 수선했다 단단히 엉켜버린 북실처럼
 궤도를 이탈해 일상의 급소를 찌르던 매운바람들
 하얗게 실밥 풀린 파도처럼, 심호흡 몇 조각 박고 뜯기를 여러번
 발바닥에 들러붙은 실오라기들이 오후 내내 여자를 옭아맸다

 선잠 속에선 피고름을 받아 마신 그녀의 실밥들이
 염증을 들쑨 사내의 옆구리를 아주 오래 끌고 다녔다
 (더는 못 버티겠어……) 평생을 수선해도 좀처럼 마무리되지 않던 통증
 그가 번개 맞은 미루나무처럼 툭 부러지자
 중환자실에 누워있던 흔적들이 세탁물 통으로 차갑게 던져졌다

 그녀, 납덩이처럼 짓누르던 원무과의 숫자들에 쫓기다
 벽에 걸린 액자 속 휠체어를 멍하니 바라보았다
 마당 앞까지 드나들던 파도의 절취선은 그 후
 너무 오래도록 같은 부위만 가위처럼 자르고 또 잘랐다

〉
병상에 쏟아진 신음 하나 끝내지 못하고 떠난 사내
 자신의 살갗에 검푸른 유품처럼 남기고 간 수술부위가
 액자 속에서 욱신욱신 떠다녔다

 (미안해……) 밤이면 이명으로 떠도는 한 칸의 바람벽
  명치끝을 움켜쥔 뜨거운 덩어리가 우물보다 아득히 추락
할 때,
  어딘가에서 날아든 갈매기 두 마리가
  해안선 이 끝과 저 끝에 흰점이 되어 내려앉았다

 생전에 못다 한 누군가의 당부일까?

 희고 둥글게 뭉쳐진 실매듭 두 마리가,
 밀려드는 물거품 양쪽을 똘똘 말아 쥐고 여자를

 오래-, 바라보았다

경계를 씻다
   - 좀 더 빨리

나는 중얼거리며 상상 속 페달을 세게 밟는다
바람을 뚫고
화들짝 도망가던 풍경들,
완성된 표구가 되어 차창에 들러붙는다

사월은 그새 문을 닫았고 기차는 달린다
레일이 들꽃처럼 피운 간이역에 덜커덩거리는 내가 있다

지난 날 혜식은 자화상에도 표피가 있었을까
내 무의식이 이따금 손을 뻗어 얼마나 쓰다듬었는지
굳은살 박인 기억들 이젠 돌아앉은 어둠에 숨죽여 들썩일 뿐
유통기한 지난 아픔들은 상처가 되지 못한다

기차 속 그 여인
움켜잡은 손잡이에 흐르는 잠꼬대 같은 신음
순간 잊고 살았던 내 망각의 파편들이
나를 찌르며 들어온다

저 여인,
간밤 낡은 이부자리 근처에서 잃어버린 졸음이 남았는지
한낮의 혼곤한 잠 위로 여인은 한 척의 녹슨 범선이다
자신의 이마 끝 어딘가 있을 벼랑을 향해 끝없이 흔들리고

〉
이 고요한 객실,
팔짱 끼고 잠든 여인 근처 어디쯤으로
방금 생겼을 절벽을 생각한다
지난 날 도망치고 도망쳐도 돌아보면 제자리였던
그런 난간, 내게도 있었다

그러나 이번 생은 나 아직,
비포장도로 위에 놓인 오후를 물끄러미 통과 중이다
비좁은 산모퉁이를 돌자
몇 년 전, 도시를 폐업하고 이 숲에 둥지를 튼
박꽃 같은 그녀가 걸어 나오며 내게 손을 흔든다

순간 그녀에게 이끌려 이 깊은 산속 섬에
사나흘 난파되고 싶은 저물녘,

나는 마음부터 먼저 풀어 평상에 획- 던져두고
마당 수돗가에 쪼그려 앉아
도심 저쪽에서 묻혀온 질긴 상심을

오래-,
씻어낸다

떠다니다

여러 번 자고 깨어나도 아직 도달하지 못한
목적지가 있다
태초 이래 지금까지 떠도는 거대한 부표 하나를 본다
저 긴 여정을 우리는 무어라 이름 지을까
멀리서 둥둥 떠나와 미아가 된 행성처럼
평생을 굴러가는 저 거대한 윤회, 구름 아랫목에 몸이 반쯤 가려져
먼 우주의 깊고 서늘한 고생대 봉분을 닮은 붉은 반원
태양의 저 비린 발걸음은 어느 공장에서 출발해
어디를 향해 납품되고 있는 중일까
정착지를 못 찾는 지금의 나도 덩달아
오후가 기울수록 먼 소실점으로 둥둥 얇아지고 있다

그 바닷가에는
산지가 묘연한 태양들이 난파되어 이따금 밀려왔다
파도에 쓸려 표면이 거칠어진 부표 가까이 가보면
낯익은 만리장성이나
삼팔선 저쪽에서 유실된 경직된 이데올로기 하나 만져지곤 했다

평생 물 위를 걷고 있는 저 충혈 된 동공

〉
일몰 근처에 다다른 붉고 둥근 태양 하나가
바닷가 암벽이 꺼내놓은 작은 소나무 가지에 걸려
오도 가도 못한 채 출렁이고 있다

공중 우물
- 흔들바위

설악산 꼭대기에 이렇게 많은 흔들림이 모여 있다니

드높은 저곳, 구름이 품고 있는 묵직한 수심 하나
공중에서 거대한 이슬방울처럼 동공이 흔들릴 때마다
가파른 정상에는, 바위의 딱딱한 방 하나 만져졌어요

고층에 입주한 구름의 흰 손가락이 창문을 활짝 열어도
그리움의 해발만 떠받치고 있는 수 만년 된, 저 수심 하나
어떡하죠 부드러운 오후가 조금씩 그림자를 옮겨요
몇 해 전 나를 놓고 산을 내려간 메아리
그날의 풀향기 묻은 외침은 큰곰자리가 되었어요

아무리 눈 감아도
내 안에서 돋아나던 까맣고 둥근 색종이 하나,
동쪽에다 바다를 반납하고 달려온 해풍과 직박구리
산을 오르는 숨소리들은 동글동글해요 공깃돌처럼 착하죠
아득히 올려다 보이는, 거기
우물처럼 깊은 방하나 출렁이고 있음을 그들도 알았을까요

〉
정상의 나무들이 잘 여문 솔방울들 금별처럼 흔들 때
제 스스로 물에 젖지 않고도
흔들흔들, 오래 웃어줄 줄 아는 순한 우물 하나
지금도
누군가의 생이 메말라 그곳으로 들어서면
새와 태양과 바람을 담근 우물 하나
동공처럼 오래 글썽이고 있죠

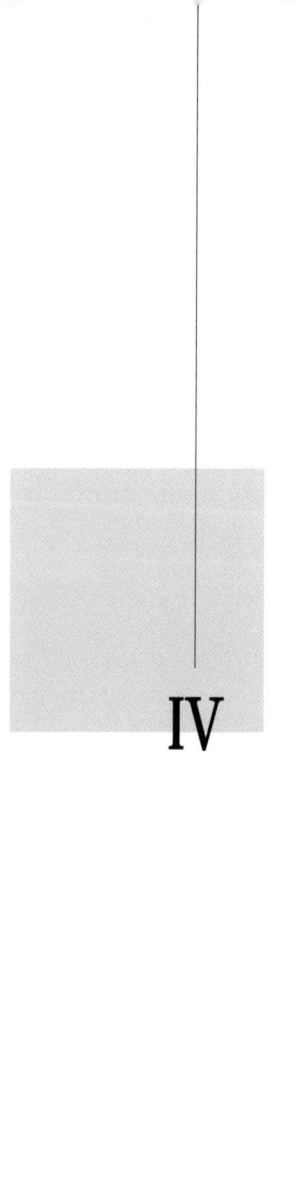

108 · 수중 납골당
110 · 물컹한 밑줄
112 · 미끄럽고 딱딱한 물음
114 · 송곳니 주의보
116 · 그런데 저 길고 미끄러운 것을, 뭐라고 적을까
120 · 핏소니아 로퀴애에
122 · 녹슨 시간
124 · 녹단
126 · 나무의 언어로
128 · 그 골목 몽타주
130 · 나그네
131 · 뱀
132 · 둥근, 바깥에선 국화나 모란이 피고
134 · 퍼플하트의 진술

수중 납골당

뒷산 오래 방치된 웅덩이
그 속에 방충망 창틀이 깊이 잠들어 있다
지나는 그림자들이 탁한 안쪽을 기웃거리고
침수된 자동차 바퀴, 수중에 버려진 참나무 토막
달이 풀어놓은 물비린내까지 부패에서 환생으로 이동 중이다

앓다가 죽은 저 강아지는 지금
전생의 어떤 산책로를 내달리고 있을까

웅덩이에 서식하는 메아리는 하나 같이
죽음을 제조 중이거나 완성된 죽음에 멈춰있다
이곳에서는 구면인 바람도 시선을 교환하는 법이 없다

- 여기 좀 봐, 달의 발뒤꿈치도 물에 빠져 있어

쓸쓸한 저 안,
이제 반쯤 어류로 돌아간 사각은 오늘 저녁 한 끼를
알에서 갓 깬 안개의 치어로 결정했다

〉
나는 갤러리에 온 사람처럼
물이 발행한 크고 작은 사망진단서들을 찬찬히 따라간다

웅덩이에 버려진 방충망은 무수한 주검들의 터미널이다
그 사각지대에 걸려든 벌레들의 사체가
세상에서 가장 작은 유골함이 되어 어지럽게 놓여있다

방금 한 생이 육신의 문을 닫고 잠든, 그 지점에서부터
종이 다른 지느러미가 조금씩 돋아나기 시작할 때
조문을 끝낸 파랑새 한 마리
수중 납골당 위를 빙판처럼 미끄럽게 벗어나고 있다

물컹한 밑줄

 단단히 뿌리내린 이끼 사이로 생각보다 먼저 미끄러운
허리가 나왔다
 호기심이 길다
 부서질 것 같은 내장의 힘을 지렛대삼아 호흡을 밀고 당기며
 죽음까지 모아 시간을 뚫는, 저 부드러운 송곳

 바깥이 연하고 무른 것들은 비명처럼 색이 붉었다

 날 때부터 이미 밑바닥이었지만
 날 때부터 이미 눈앞이 캄캄했지만
 비 오는 날 한번 더 바닥을 친 후 내 발바닥 가까이 기어와
 제 몸 길게 늘여 검게 밑줄을 긋는 지렁이
 지렁이는 온몸이 발톱이고 배이면서 팔이고 다리이자
성대이다
 전신을 다 동원해 내게 밑줄을 긋고 표시한 저
 살아있는 끈은 대체 나를 암기해 어디에 쓸 작정일까

 내게도 있는 문신 같은 출산 자국
 나도 오래전 내가 내게 단호히 밑줄을 그은 적 있다
  수십 년 넘은 지금도 배를 문지르면 아직 살아 움찔하는
끈끈한 굴곡

〉
 (앗, 비를 좋아한다 말하지 말걸…… 제발 밟지 마세요)

 겨우 반 토막 남은 몸이 놀라, 감은 눈보다 먼저 움츠러들었다

 더 이상은 비굴하게 낮아지지 말자는 듯.
 지렁이는 내게, 나는 하반신을 고무로 가린 그에게, 그는 보도블록에게
 오래 검은 밑줄을 그으며 서로 상처의 말단을 감아올린다

 8월이라고 쓰고 너무 길다라고 통과한다

미끄럽고 딱딱한 물음

축대 아래
돌자갈이 이마를 부딪치며 떠내려간다
골목과 전봇대와 담장과 지붕이 떠내려가고
조밀했던 공간들, 순식간에 물 속 수평이 된다

유리파편처럼 뾰족한 비명들이
황토색 머리를 풀어헤치고
어제 죽은 새와, 벼락 맞은 나무토막이
배를 죽은 물고기처럼 뒤집고
수많은 낱말들 스키 타듯 떠내려간다
대문 한쪽을 잡고 버티던 소나무
허리부터 꺾여 떠내려가고
가파른 골목, 차갑고 난감한 얼굴이
오물과 함께 콸콸 멜랑꼴리하게
저 멀리 가서 죽는다
검은 비닐봉지가 편의점 불빛을 열고 나온다 강풍은
우산 쓰고 걸어가는 봉지를 빼앗을 듯 잡아당긴다 거세진다
비명이 된 초성들, 어와 앗 사이에 낀 ㅅ 까지도
간발의 차이로 우당탕 휩쓸린다
다들 어디까지 가는 걸까
떠내려간 시간들은 목적지가 같을까

휘어진 눈물에도 쓰나미 유속이 있다
썩고 나서야 밀리는 것들

식용유 같이 반들거리는 물이
맨홀 속으로 운석처럼 추락하다
오래전 이미 죽은 내가 왜 떠내려가야 하지?
아주 잠시 공중을 붙들고 서서, 사람처럼 질문한다

답을 찾기도 전
물의 두개골부터,
다시
처음처럼 떨어진다

송곳니 주의보

두물머리 남한강변, 이 지역은 물안개 군락지다

이른 새벽
그것들은 긴 강을 소떼처럼 몰고 와 물컹한 몸체를
고요 속에 들이밀기 시작한다

서서히 주변 풍경을 점령하면서 사막의 먼지처럼 몰려다닌다

이럴 때 언덕들은 순식간에 침묵 속으로 납치당하고
오랫동안 수천 개로 분열하는 환청에 걸려 넘어진다

장막을 열 듯 산중턱을 돌면, 거기
한지처럼 겹겹이 쌓인 물들의 층계가 어린 시간에게 젖을 물리고
정오가 가까워서야 무리들은 휘장을 빠르게 벗는다

숨죽인 일상들은 저마다
몇 방울 치명적인 용량에 생을 기대어 놓고
각질 일어난 삶에 습기를 첨가하느라 분주하다
안개는 폭군이다

〉
 주변 풍경들을 절단하거나 폐지처럼 구겨버렸고
 어떤 날에는 사나흘 굵은 터널처럼 거대한 입을 벌리고,
마을 모든 동식물의 씨를 말리기도 하는, 저 입 속엔 보이지
않는 송곳들이 우글거린다

 두물머리 지나 북한강 일대를
 한 입에 통째로 집어삼키고 남을, 저 거대한 안개의 식성

 한낮이 되자 태양의 질긴 추궁에도
 안개는 악몽 속에 서식하는 연쇄살인범처럼
 뭔가 더 토막 낼 목록들이 남았는지
 해가 중천으로 출타한 후에도
 여전히 먹잇감의 급소를 물고서 좀처럼 놔주지 않았다

 이 마을 안개는 언제나 타란튤라와 같이 잡식성이며
 아무리 지독한 소화불량에 걸려도 먹잇감을 뱉어내는 법이
없다

 마을엔, 천만번 물어뜯어도 끄떡없는
 아주 희고 부드러운 맹독의 송곳니가 서식한다

그런데 저 길고 미끄러운 것을, 뭐라고 적을까

(나는 논둑에서 손가락을 만지면, 비명이 달려 나와요)

유년의 기억을 살살 긁어보며 그 밑에는
기다란 꿈틀거림이 잡혀요

 중년의 묵호항에서도, 뜰채에서 튀어 오르는 점액성 비늘 들은 언제나 늙는 법이 없죠 손가락 사이로 드릴처럼 파고드는 저 미끄러운 이마의 힘, 순간 진저리치던 기억이 내 손가락 사이로 미끈- 빠져나가고, 그것은 기다란 새끼 뱀이 되어 저만치 철원평야의 무논 위를 아무 걱정 없이 헤엄쳐 갔죠

 주변 것을 죄다 빨아들이는 반영
 당신이 서 있는 풍경을 가슴에 퍼 담고 가만히 누워 미소 짓는 논
 비와 바람을 경작하는 철원의 농부들 주름이 유난히 부드러운 건 다 그 때문이에요
 그 시절 산 그림자를 등에 지고 모내기하던 무논은 낮에도 먹물처럼 캄캄했는데요 후투티의 벼슬처럼 웃자랐던 유년의 호기심이, 발가락을 논 속에 심어 놓았던 날이었죠 삼촌을 따라 천진하게 모를 한줌 집어 들었을 때, 차가운 수

제비반죽인 듯 물컹 만져진 진흙 속 새끼 뱀, 내 비명소리는 뱀보다도 더 빨리 저만치 앞서 달렸는데요 새끼 뱀도 내 비명에 놀랐는지, 자신이 뱀의 자식인 것도 까맣게 잊은 채 조약돌처럼 퐁당 물로 떨어져 다급히 몸을 숨겼죠 그 물체가 꼬리를 다 숨기기도 전, 나는 뱀 꼬리보다 더 긴 울음을 논둑에 엎질러놓고 말았어요

 그날 이후, 내 눈에는
 지나는 바람이나 흔들리는 수면들 모두 갈지자로 구불거렸고
 초록만 보아도 내 손가락 사이에서는 유혈목이가 스륵-
지나갔어요
 지금도 내 몸 근처에서 기다랗게 유영하고 있을
 안개더미 같은 물뱀, 한 마리

 내가 어미가 되고 나서야 알았죠
 그날의 새끼 뱀은 어미 뱀이 낳은 또 하나의 씨앗이라는 걸

 내가 누군가의 씨앗이듯
 작은 발가락을 하얀 실뿌리처럼 논에 딛고서 모를 심었던 그날

내가 소름 돋게, 만졌던 그 차가운 끈은
 구름과 바람과 꼬리명주나비의 어깨를 기억하는 강낭콩처럼
 또 하나의 기다란 씨앗이었다는 것을, 누군가 소중히 아끼던 아이였다는 것을

핏소니아 로퀴애에*
- 악마 나무

나무 그늘 속으로 외출한 새를 나무가 덥석 잡아먹는다

 손도 안 대고 가시로 포위해 잡아먹는다 새가 본 허공과 평생 깃털로 날아다닌 그 긴 거리까지 잡아먹는다 온몸이 점점 더 끈적여서 점점 더 날기 위해 몸부림치는 새, 끈적이는 액체를 끈질기게 깃털에 발라서 나무는 새를 잡아먹는다 움직일 수 없게 아교처럼 조이며 잡아먹는다 나무는 새의 부리를, 동공을, 발톱을, 성대를, 눈꺼풀을 잡아먹는다.

 이것은 지금까지 학계에 보고된 적 없는 새로운 사냥법

 식물학자들이 벌린 입을 채 다물기도 전,

 새는 간신히 울어보지만 딱딱한 혼자가 되어간다 나무의 표피는 매일 자라고 윤택하다 나무의 어깨가 갸우뚱해 질 때까지 부드러운 깃털을 잡아먹는다 새의 간절한 눈빛, 본드 같은 접착물질에 새의 생애가 다 비워질 때까지 나무는 악마 같은 자세로. 푸드덕거리는 소리까지 쵸코칩처럼 오독오독 깨물어 잡아먹는다

＞
나무는 끝까지 새를 포위해 잡아먹는 중이고
새의 영혼은 간신히 나무의 이빨 사이에서 벗어나
놀란 가슴을 천천히 매만지며 허공에 길을 내고 있다
새는 더 이상 보이지 않고 소리만 남아서
공중을 오래 날아간다

핏소니아 로퀴애에*
카리브해의 자생하는 나무로, 아교처럼 끈적이는 가시덩어리를 새의 깃털에 묻혀 날아가지 못하게 질식시켜 잡아먹는 나무.

녹슨 시간

폐지 실은 리어카에 LP판 한 장 실려간다
누군가의 음계도 유통기한이 지났는지
신도시 담벼락에 긁히자 낡은 LP판에 저장된 소리들 빗물처럼 방울방울 쏟아진다
라노비아와 여자 친구, 그 중간쯤
중량을 잘만 달면 붉게 녹슨 오후도 요구르트 하나 값이 됐다

오래전 여인숙 벽이 품었던 더벅머리 테너의 미소는
지금 어느 폐지더미 속에서 좀벌레들의 식사가 되고 있을까
밤하늘을 탕진한 별들이 허름한 골목에서 엇박자를 내고
그 시절 좀처럼 조율되지 않던 옛 애인의 검게 번진 마스카라와
밤업소에 나가던 저렴한 음악가의 캄캄한 어깨도 달의 뒤편으로 버려진 지금

라, 리어카가 간다 노비아타를 싣고 간다
라, 리어카가 간다 붉게 녹슨 노인을 애완견처럼 끌고 간다

〉
라노비아 연주곡은 한때 청바지들의 종교였고 질긴 구원
이었다

새벽이 되자
신도시 아파트에 입주하며 누군가 내다버린 중고피아노가
이제는 중년이 되었을 한 소녀의 길고 흰 손가락을
곰곰 떠올리고 있다

녹단

시력을 잃은 뿌리는 물도 생각도 초록도 끊었다
평생 내부로 넓혔던 바람의 길을 돌려놓고
어린 풀꽃들의 눈물은 서쪽 옹이에 까맣게 걸어두었다

수천 년
침묵의 방식으로 제 몸을 다져온 녹단, 나무는 언제나 혼자 걸어간다
빈 마디와 휜 뼈를 털며
저녁연기처럼 기운 음지들은
가만히 조금 더 제 골똘함을 꺾어
뿌리 아래로 내려 보내고, 또 다시 나무는 혼자다

언제부터인가 흙의 신음소리를 들었다

나뭇잎이 자라는 속도는 더디었고 내성적이었다
눈 감아야 보이는 것들이 매일 창문을 두드렸다
나무를 잊고 싶으면 오래 바라보면 된다
그런데 저 나무,
얼마나 많은 벼락을 한 입에 삼켰기에 노을진 들판 같은 역설이
저토록 온몸에서 출렁일까

녹단이라는 말 속에는
 너무 단단해서 한번에 다 만져지지 않는 커다란 평수의
고요가 겹쳐있다

 저 길고 푸른 초저녁의 언어를
 나무는
 유언처럼 남기고 문을 닫았다
 아무도 깨지 않은 새벽 나무 혼자 눈을 감았다
 마지막 다짐처럼 두 주먹을 꽉 쥐자, 녹단은 선 채로
 자신의 주검을 밀봉한 목관이 되었다

나무의 언어로

도로의 평화를 불도저처럼 밀어내는 몇 개 엔진소리

방림면 벌목장 한켠에서
연둣빛 호기심을 막 키워낸 가로수들이
일제히 떨고 있다

형광빛 작업복을 떡잎처럼 걸친 거무튀튀한 사내들
풋풋한 유행가 한 소절 읊조리듯, 빠르게 회전하는 전기톱을 들고
익숙한 손놀림으로 단번에 잘라내는 나무들의 싱싱한 허리

중국집 벽면에 걸렸던 달력 속 절기들과
나무가 섭취했던 무수한 허공까지도
톱질 몇 번으로 단번에 절단되어, 추락한다

톱밥은 비명이다
나무들이 지른 아주 짧고 날카로운 외침이다

억- 하고 직립의 생을 마감하듯

〉
 목울대를 힘껏 파고든 통증들이 더는 물러설 곳 없어
 다급히 나무의 입을 턱, 벌리고 일제히 몸 밖으로 뛰어내린 높은 신음이다
 그래서 톱밥은
 나무가 평생 익혀온 모국어 중 가장 붉고 센 된 발음이다

 눈부신 정오 햇살 사이로
 폐지 가득 실은 리어카를 간신히 끌고 가다 순간 돌부리에 무너진
 노인이다 나무는

 오래전 총알이 죽창처럼 박혀들던 평창전투에서 먹잇감으로 던져준 다리
 딱딱한 의족 안쪽에 반 토막 남겨둔 장딴지 어디쯤이
 또 한 번 딱 부러져 어이쿠, 하고 주저앉은 박 노인처럼 단번에
 곳곳에서

그 골목 몽타주

입구에 무언가가 노파처럼 앉아 있다
새벽 폐기물수거차도 거들떠보지 않는 저 소파

저물고 막다른 길도 분리수거가 되는 걸까
내다버린 손길이 그의 등에 명찰을 붙여 놓았다

고집 센 붙박이처럼 한 귀퉁이에 움푹 꺼진, 저 고요
방향을 분실한 그림자가 잠깐씩 쉬어 간다
온몸에 검은 망토처럼 두른 저, 자포자기
어느 집에 처음 고가로 팔려온 날부터
숟가락들 하나 둘 늘어나고 그 집 구두가 승진을 하고
그렇게 층계마다 동행했던 온갖 안부들도 빛이 바래고

이제는
내다버린 손에게 복수하듯, 밀랍 같은 침묵을 견딘다

이따금 들렀다 가는 땡볕도 버거운 오후
스프링을 빠져나간
소리들의 긴 혀마저 몸 밖에 한가득 꺼내놓고
텅 빈 골목을 조금씩 걸어 나가는 꿈을 꾸고 있다

〉
내다 놓고 돌아서는 손들은 어제를 너무 빨리 잊고
뒤에 남겨진 것들은 체념의 그늘이 깊다

쏟아진 모서리에 제멋대로 자라난
저 푸른 손가락들에 오늘, 처음 보는 꽃이 폈다
그 밑에서
흰 목덜미를 가진 고양이가 모락모락 낮잠을 피워낼 때

의자에서 펄쩍 뛰어내린 허연 실밥들이

마지막 발가락을 털어내고 있다

나그네

계절은

바람을 데리고
별을 데리고

어느

뒷골목

남아도는
허기를 데리고

뱀

긴 이마는

미끄러운 물음표를 찾다가

문틈에 소름이 돋아

쉿!

아무래도 여기는 예사롭지 않은

이항 대립

둥근, 바깥에선 국화나 모란이 피고

맨 처음 나는, 어둠의 퇴적층이 품고 있던 흙이었다 물레가 투명한 생각을 온종일 부풀리는 어느 지하실, 회전하는 심호흡 위에서 한 생이 뭉쳐진 도토를 향해, 끝없이 둥근 이야기를 주입했던 구부러진 손가락들이 보여, 태초의 달빛이 건너간 듯 은은한, 청화백자의 침묵은 기다림을 포기해야 비로소 얻어지는 계급, 물레 속에서 무수한 달이 떴다가 지고, 먼데까지 풀려나갔던 바람, 둥근 중심부로 휘감길 때

너 그거 알아?

물레 위로 흐린 팔을 뻗어 휜 시간을 아주 오래 매만지면
둥근 바깥에선 국화나 모란이 피고, 가끔은 포도송이가
새를 불러들이는 청화백자로 여물기도 한다는 거

돌의 생각이 땀처럼 골똘해지면
도공들은 그것을 곱게 갈아 도자기를 만들었어
달빛을 밤새 퍼담아도 결코 넘치지 않는 손금들의 내공,
구름의 지문을 본 적 있니?
둥근 항아리는 도요지 가마에서 산수유처럼 붉게 익었어
밤새 가마 곁에서 졸음을 깨뜨렸던 그들의 기다림은 어쩌면
청학의 날개를 새겨 넣는 순백의 측량단위였을지도 몰라

도토와 유약이 익을 때를 기다려 수염 우거진 도공은
아날로그적인 우주를 퉁퉁, 두드려서 읽었다는데
그들은 정말 밀랍 같이 단단한 달의 근육을 빚고 있었을까

구름을 담고 먼 시간을 구워낸 돌의 숨이, 그의 거친 손
안에서 순하게 중심 잡으면, 유약 속으로 안티프라민처럼
미끄럽게 드나들던 길고 긴 바람소리, 물레 위 도자기는,
하얀 듯 푸른 흙속에서 무음처럼 흰 보름달로 뜨겁게 태어
나곤 했어

그렇다면 저 물레,
얼마나 긴 투명끈을 박스테이프처럼 감고 있기에
회전할 때마다 낮과 밤이 무수히 풀려나오는 걸까

퍼플하트의 진술

 초원을 보라로 해석한 날 있었죠 초원은 물이 된다는 걸 몰랐어요 달리는 말발굽 소리 만져져요 새를 타고 정글을 날면 바로 새벽이 됩니다 섞일 줄 알거든요 나뭇잎들은 아직 안개를 삼켜 좀 더 연한 연두를 제조 중이지만, 있어요 신비의 아침을 가져오는 강기슭 말이에요

 갈라진 나무속에 우물처럼 새벽이 차오르면 물은 보라의 언어로만 흘러요
 퍼플하트가 제 몸을 쫙 갈랐을 때를 놓치지 말아요

 우린 그것을, 나무가 평생 섭취한 색들의 더빙이라 불러요 둥치를 가르면 정글을 두고 온 식물성 심장들, 대패질한 직사각형 턴테이블 안쪽에서 새벽바람을 모피처럼 걸친 늑대가, 바위 위에서 동료를 부르죠 나무 왼쪽으로 보이세요? 유랑의 무리들이 이쪽을 향해 오고 있군요 어깨에 멘 걸 보니 아침 일찍 노루를 잡았나 봐요 노루가 죽으면 부족들의 귀는 점점 더 커지죠 야카족 여인들의 목이 긴 것도 다 노루의 유언 때문이죠 퍼플하트로는 절대 창문을 만들지 마세요 새벽마다 남자가 사막으로 길 떠나도 난 책임 못 져요 적막이 모래알보다 많군요 당신, 그건 저 나무 속에서 나 필요한 일, 한낮에 목재 위에 가만 손 얹어보면, 불 꺼

진 페이지마다 밀림의 여명이 깨어나요 갈 수 없는 산맥이 있나요? 그럼 나무의 이름을 아주 작게 불러 봐요

 어느 순간,
 한낮인데도 당신 곁에 보랏빛이 천연옷감처럼 펄럭인다면 아마도
 이번 생은 꿈일 거예요

| 해설 |

세 번째와 네 번째 언어 사이를 걷는 시선
― 김태림의 시세계 ―

시인 / 소설가 김명희

　순간을 형성하고 있는 모든 사물이나 대상들은 저마다 고유의 모습을 갖고 있다. 다양한 모습 중에도 특히 얼굴이라는 지점은, 상대방에게 건네는 소리 없는 언어다. 어떤 얼굴은 찡그리는 언어로, 어떤 얼굴은 소리 없이 미소를 짓는 언어로, 또 어떤 얼굴은 무표정하게 먼 곳을 응시하는 그 자체가 언어다. 또 어떤 얼굴은 어느 한 지점을 발견하고 서둘러 그곳으로 이동하는 것으로 자신만의 언어를 전달한다.

> 바람은 숨통 가득, 제 죽음을 부풀려
> 방파제 너머에서 달려오는 중저음의 기적소리를 연주하고
> 해질녘 바닷가를 걸으면
> 밤하늘에 걸린 오리온좌를 열고 나와,
> 아주 잠시 나를 바라보다 돌아서는 단추 같은 얼굴 하나
> ―「검은 아코디언」 부분

김태림 시인의 시에 나타나는 모습들은 대부분 옆모습이거나 뒷모습이다. 가던 길을 멈추고 고요히 어딘가를 바라보는 시 속 화자 역시 누군가에게 자신도 등을 보이고 서 있다. 인간의 신체구조상 어느 대상에게 온전히 다가기 위해 우리 몸은 반드시 등을 보이게 된다. 그렇다면 우리 뒷모습은 모든 순간을 통해 언어로 대화 중인 것이다. 문득 시인의 눈에 들어온 어떤 대상이 있다. 발을 멈추고 바라보는 시인의 고요한 옆모습, 또는 코트를 걸친 그 뒷모습에는 물고기처럼 많은 언어들이 헤엄친다.

 싱싱한 시인의 눈빛에, 과거인 어제가 있고 현재인 오늘이 있으며 내일인 미래가 공존한다. 끝없이 교차하며 자신을 통과하는 다양한 시간 속에서 시인은 항상 세 가지의, 같지만 다른 얼굴들과 대화하는 것을 알 수 있다. 그것들은 어떤 자세를 닮은 '동사'였다가 한 순간의 '얼룩'이였다가 수습하지 못한 '질문'이거나 '우산'이 된다.

> 물기 빠진
> 사진 몇 장 각기 다른 자세로, 순간 내 얼굴에서 비늘이
> 떨어진다
> 그때는 알지 못했던
> 동사들
> 온갖 얼룩들, 눈을 감지 못한 질문이다 등이
> 가려운 낯빛을 하고 끄덕인다

아픈 일을 무지개처럼 말할 때
서랍 속에서 걸어 나온 젖은 우산이 자막처럼 지나간다
축 늘어진 주머니에 무엇이 들었냐고
비 오는 밤이 내게 묻는다

(그냥 그렇지 뭐) 대답한다
— 「나의, 타원형 타인들」 부분

언어학자들이 말하는 인간의 언어에는 네 가지 종류가 있다고 한다.

첫 번째 언어는 잔소리다. 잔소리는 듣는 이를 기분 나쁘게 하는 경우가 대부분이다. 가장 효과가 낮은 표현이라고 볼 수 있다. 두 번째 언어는 데이터의 언어, 즉 감정 없이 정보만 전달하는 건조한 언어이다. 그리고 세 번째 언어는 감수성의 언어다. 타자의 입장에서 공감하며 건네는 말이 그것이다. 예컨대 기다릴게, 괜찮아, 고마워, 미안해, 나 여기 있어, 너를 이해할 순 없지만 그래도 나는 널 사랑해, 이런 말들이 여기에 속할 것이다.

울음이 가득한 어린 무릎은 오늘도 여섯 살
종일 쥐고 다닌 발톱을 뜯으며 어미를 기다리는
새까만 이마가 바닥에 닿는다
동행의 뒷모습을 놓친 기억
그렇지만 무섭지 않다고 말하는 너를 나는 무슨 말이든
(그랬구나)로 간신히 달래 본다

눈물 속에 박힌 하늘나라가 있고
기어이 반짝이는 시간이 올 거라고
너는 별사탕처럼 말을 하는구나
        ー「어디로 데려갈까요」 부분

유리창이 깨진 화실에 그가 한 가지 자세로 앉아있다

아침마다 둥근 것을 만져보고 상태를 살핀다
오늘은 사과가 그를 관찰하듯 고개를 갸웃거리고
세잔은 탄저병에 걸린 사과를 뚫어지게 본다
곳곳에 뿌리 내린 검은 녹, 그가 중얼거리자
맑았던 한낮이 안쪽부터 썩어들기 시작했다

기억해주는 이가 없으면 사과는 깨어나지 못한다

세잔은 여러 번 소나기가 된 적 있다
길가 웅덩이에 아무도 몰래 자신을 버렸다
절룩거리며 따라오던 늙은 벙어리 낙타
소낙비보다 빨리 뛰어다니는 까마귀의 비명

인사동
낮게 엎드린 불빛 아래에서 홍합 국물이 졸아들고 있었다

울기 좋은 담벼락 밑에 쭈그려 앉아
병든 시간을 손에 들고 타로점을 읽었다
어느 행성에서 온 젖은 빛이었다 천칭자리 애인은

우리는 세잔과 함께 겨울 내내 여름옷을 입었다
깔깔거리는 파이를 바닥에 흘리며 안개를 보러 갔다
밤이 되어도 장작불에 옷은 마르지 않았다
사과나무 위에서 놀던 죽음이 새벽까지 마을을 배회했다
회색이 된 질문이
비둘기대신 날아와 담벼락에 머리를 박고 떨어졌다
작년에 박힌 새들은 발톱만 남아 녹슨 대못이 되어갔다

창문을 넘어간 세잔은, 그날 밤 돌아오지 않았고
사과 속 그의 전생만이 정물처럼 앉아있다
세잔은 사과로 환생한 사실을
자신에게 절대 말하지 않았다

—「세잔과 사과나무」 전문

 마지막으로 네 번째에 해당하는 언어는 육신이 건네는 영혼의 언어다. 이 경우는 말이 아니다. 다양한 행동이다. 시 속의 화자들은 저마다 행동하는 언어를 쥐고 어딘가로 떠나거나 어딘가에서 돌아오고 있다. 자신의 안쪽에서 폭풍과 회오리가 일어나도 조용히 할 일을 한다. 뜨거움은 고요해서 더 불길이다. 스스로 그것을 품고 화해와 타협이 한껏 여물 때를 기다리며 묵묵히 다독인다. 시인의 언어는 그래서 모나지 않고 순하며 식물성 행동들이다.

"큰 가방을 들고 순간 휘발되는 그녀∥축축한 등 뒤로∥풍문으로 들리는 몇 개 추측들"(「울음들의 본적지」).

"도심의 소음을 소리로 쓰다듬는 저 표정 // 그가, 연필 대신 기타로 // 나의 청각 속에 들어와 긴 문장을 들려주고 있다"
(「지금도 꿈속에서, 노르웨이 숲에 펑펑 눈 내리고 –맹인악사」).

"물에 빠진 저녁이 네온사인 위에서 까맣게 볶아진다 // 항구는 필통이다 // 생의 좌표를 잃은 멀미들이 // 오래 앓은 위장병을 주머니에 넣고 빼곡히 몰려드는, // 선창은 뒷모습만 갖고 오가는 또 하나의 객지이다 // 너는 흑백 저쪽으로 작아진 골목을 돌아 걸었다"(「선창」).

"아이는 타박타박 저문 마을을 서성인다 // 어디에 있던 늘 그 자리로 되돌아오는 아이 // 한 번씩 게워내는 질긴 소리에 (너는 혼자가 아니란다) // 마침표 없이 견디는 아이는 이미 다 // 울어버렸는지 창백하다 // 옹이처럼 작게 웅크린 아이 하나, // 내 안에서 // 젖은 눈으로 // 나를 바라본다"(「어디로 데려갈까요」)

"한때는 둥근 무리의 사람들과 물고기처럼 바둥대다 // 오차 없이 늙었지 // 네가 보낸 목도리는 효력이 없었고 아침에 다시 // 집어들면 다리가 없었다 // 반음 모자라는 사직서 봉투를 팔지 않는 편의점, 낯선 손 // 바닥 두 개를 들고 나오는 나……지금은 반드시 편집될 것이고 모든 것이 멈추면 우리들의 여주로 가자 // 거기, 퐁당쇼콜라 베이커리로 가자"(「그래도, 퐁당쇼콜라」)

행동 속에 깃든 수많은 언어들, 그 끝을 따라가다 보면 어떤 외마디 비명이 들려오기도 한다. 목이 터져라 비명을 지르는 일, 그것도 행동에 속한 영혼의 언어이기도 하다. 이때 나무가 비명을 지른다면 어떻게 될까. 시인은 톱질하는 인부와 그 톱에 자신의 목숨이 톱밥으로 잘려나가는 나무의 비명을 듣고 놀라 화들짝 걸음을 멈춘다. 정신 줄 놓은 그 비명 앞에서 당황해 어쩔 줄 몰라 한다. 나무영혼이 죽을힘 다해 붉게 외치는 비극의 입자들을, 유리그릇에 소의 붉은 선지를 받아내듯 시로 생생하게 받아낸다.

> 톱밥은 비명이다
> 나무들이 지른 아주 짧고 날카로운 외침이다
>
> 억- 하고 직립의 생을 마감하듯
>
> 목울대를 힘껏 파고든 통증들이 더는 물러설 곳 없어
> 다급히 나무의 입을 턱, 벌리고 일제히 몸 밖으로 뛰어내린 높은 신음이다
> 그래서 톱밥은
> 나무가 평생 익혀온 모국어 중 가장 붉고 센 된 발음이다
> ―「나무의 언어로」 부분

헝가리 철학자 게오르크 루카치는 "별이 빛나는 창공을 보고, 갈 수가 있고 또 가야만 하는 길의 지도를 읽을 수 있던 시대는 얼마나 행복했던가? 그리고 별빛이 그 길을 훤히 밝혀 주던 시대는 얼마나 행복했던가?"라고 말했다.

여러 번 자고 깨어나도 아직 도달하지 못한
목적지가 있다
태초 이래 지금까지 떠도는 거대한 부표 하나를 본다
저 긴 여정을 우리는 무어라 이름 지을까
멀리에서 둥둥 떠나와 미아가 된 행성처럼
평생을 굴러가는 저 거대한 윤회, 구름 아랫목에 몸이 반쯤 가려져
먼 우주의 깊고 서늘한 고생대 봉분을 닮은 붉은 반원
태양의 저 비린 발걸음은 어느 공장에서 출발해
어디를 향해 납품되고 있는 중일까
정착지를 못 찾는 지금의 나도 덩달아
오후가 기울수록 먼 소실점으로 둥둥 얇아지고 있다
그 바닷가에는
산지가 묘연한 태양들이 난파되어 이따금 밀려왔다
파도에 쓸려 표면이 거칠어진 부표 가까이 가보면
낯익은 만리장성이나
삼팔선 저쪽에서 유실된 경직된 이데올로기 하나 만져지곤 했다
평생 물 위를 걷고 있는 저 충혈된 동공
일몰 근처에 다다른 붉고 둥근 태양 하나가
바닷가 암벽이 꺼내놓은 작은 소나무 가지에 걸려
오도 가도 못한 채 출렁이고 있다

―「떠다니다」 전문

이 시간 어두운 밤하늘을 올려다보며 '너무 캄캄해 별을…… 나의 별을 찾을 수 없어' 슬퍼하는 당신. 빛을 잃은 당신에게 다시 일어나 푸르게 떠나보라고 김태림 시인은 네 번째 언어로 미소 짓는다.

초원을 보라로 해석한 날 있었죠 초원은 물이 된다는 걸 몰랐어요 달리는 말발굽 소리 만져져요 새를 타고 정글을 날면 바로 새벽이 됩니다 섞일 줄 알거든요 나뭇잎들은 아직 안개를 삼켜 좀 더 연한 연두를 제조 중이지만, 있어요 신비의 아침을 가져오는 강기슭 말이에요

갈라진 나무속에 우물처럼 새벽이 차오르면 물은 보라의 언어로만 흘러요
퍼플하트가 제 몸을 쫙 갈랐을 때를 놓치지 말아요

우린 그것을, 나무가 평생 섭취한 색들의 더빙이라 불러요 둥치를 가르면 정글을 두고 온 식물성 심장들, 대패질한 직사각형 턴테이블 안쪽에서 새벽바람을 모피처럼 걸친 늑대가, 바위 위에서 동료를 부르죠 나무 왼쪽으로 보이세요? 유랑의 무리들이 이쪽을 향해 오고 있군요 어깨에 멘 걸 보니 아침 일찍 노루를 잡았나 봐요 노루가 죽으면 부족들의 귀는 점점 더 커지죠 야카족 여인들의 목이 긴 것도 다 노루의 유언 때문이죠 퍼플하트로는 절대 창문을 만들지 마세요 새벽마다 남자가 사막으로 길 떠나도 난 책임 못 져요 적막이 모래알보다 많군요 당신, 그건 저 나무 속에서

나 필요한 일, 한낮에 목재 위에 가만 손 얹어보면, 불 꺼진 페이지마다 밀림의 여명이 깨어나요 갈 수 없는 산맥이 있나요? 그럼 나무의 이름을 아주 작게 불러 봐요

어느 순간,
한낮인데도 당신 곁에 보랏빛이 천연옷감처럼 펄럭인다면
아마도
이번 생은 꿈일 거예요

— 「퍼플하트의 진술」 전문

시인은, 그대 힘내요 괜찮아요라고…… 세 번째 언어로 손잡아 주거나 어둠 속에서도 또 다시 오늘을 걸어야 할 당신에게 이번 생은 꿈일 거라고, 그러니 마음껏 사랑하고 마음껏 길 떠나고 마음껏 노래 불러도 괜찮다고 네 번째 언어로 부드럽게 손짓한다. 행여 그 길이 "나무 그늘 속으로 외출한 새를 나무가 덥석 잡아먹는"(「핏소니아 로퀴애에」) 그런 악마나무를 만나는 길일지라도 결코 두려워하지 말고 용기 있게 떠나라고 말한다.

미국의 소설가이자 만화가였던 제임스 서버는, 답을 모두 아는 것보다 질문 몇 개를 아는 편이 낫다고 했다. 질문이란 '알고자 하는 바를 얻기 위해 묻는' 일이다. 김태림 시인의 시를 읽다보면, 여러 시에 나타나는 화자들은 차분하고 친절하다. 언제든 그가 돌아보면 순하게 다가가 「그런데 저 길고 미끄러운 것을, 뭐라고 적을까」 나긋나긋 질문할 준비가 되어 있다. 어떤 대답은 「나무들의

언어」로 톱밥처럼 사방으로 흩어져 돌아오거나 「물컹한 밑줄」이 되어 절지동물처럼 꿈틀거릴 때도 있다. 그러나 낙심하거나 서둘지 않는다. 같은 자리에서 시인은 다만 기다린다. 우리의 노을이 너의 태양이 나의 바람이, 그리고 이웃의 새벽이 언어로 들려올 때까지 「시간의 저쪽」에서 고요히 기다리고 있다.

    윤곽만 남은 간판이 나를 바라본다
    옛집을 찾듯 낯선 이방인이 되어 말뚝처럼 서 있다
    골목은 어디에나 있지만 여기 경리단 길 가파른 계단 앞
    풍경 속에서 잘 익은 꼬치를 돌리는 손길,
    '마시서요'
    터키 사내가 따뜻한 샌드위치에 어눌한 한국어를 싸서
    내게 내밀며 웃는다
    엇?
    얼른 다시 돌아보니
    아무도 없는 골목,
    용산 미군부대가 철수한 후,
    손 흔들어 주던 창문은 충치처럼 뽑히고
    찬바람만 담장 밑에서 등이 굽어 있다
    사장님 목소리도 간판을 내린 지 오래고
    흉터로 남은 통증을 삼거리 약국이 달래고 있었다
    익숙한 콧노래가 손 흔들며 길을 가로지른다
    (돌아보니 오래전 죽은 친구였다)
    저 애가 아직도 서른 살로 걸어 다니는 이곳에서
    나는 이제 아무것도 맹세하거나 다짐하지 않는다

> 한때
> 검고 짙은 콧수염이 명물이었던 경리단 길 케밥 골목
> 고기노린내 밴 수많은 메모들이
> 그날처럼 길게 줄 서 있다
>
> ―「케밥은 터키어를 하지 않는다」 전문

　김태림 시인은 이렇게 「케밥은 터키어를 하지 않는다」 신작 시집을 통해서, 오늘도 보랏빛을 찾아 인생의 새로운 여정을 떠나는 누군가의 등을 따뜻하게 오래 바라봐 주고 있다. 그 누군가의 가방이 도시와 마을과 어느 변두리 작은 골목 모퉁이를 돌아서 점점 더 멀리 벗어날 때까지, 그리고 멀고 먼 어느 길에서 아주 오래전 세상을 떠난 그리운 이를 문득 새로운 이방인처럼 만나고 돌아올 그 순간까지 시인은 그저 가만히 기다려주는 것이다. 그가 돌아와 다시 그 집 창문에 불빛을 환히 밝힐 때까지.